Julius Petzholdt

Chronologische Übersicht von bibliographischen Systemen

Julius Petzholdt

Chronologische Übersicht von bibliographischen Systemen

ISBN/EAN: 9783743431614

Hergestellt in Europa, USA, Kanada, Australien, Japan

Cover: Foto ©ninafisch / pixelio.de

Manufactured and distributed by brebook publishing software (www.brebook.com)

Julius Petzholdt

Chronologische Übersicht von bibliographischen Systemen

Vorbemerkung.

Nachstehende Uebersicht macht auf Vollständigkeit keinen Anspruch, wohl aber darf sie darauf Anspruch machen, dass sie Nichts enthält, was ich nicht, und dies ist zum allergrössten Theile der Fall, aus den Quellenschriften selbst geschöpft oder aus zuverlässigen Mittheilungen Anderer näher kennen gelernt habe. Die Aufnahme blosser Titel von Büchern, in denen sich bibliographische Systeme angegeben finden oder finden sollen, ist dieser Uebersicht um desswillen durchaus fremd geblieben, weil — abgesehen davon, dass dabei Unrichtigkeiten nicht zu vermeiden gewesen sein würden — für die Zwecke einer solchen Uebersicht, die es sich zur Aufgabe gestellt hat, die verschiedenen Systeme in ihren Grundzügen näher zu bezeichnen, die blosse Erwähnung von Büchertiteln von gar keinem Belange hätte sein können.

XVI. Jahrhdt. *System von Taschköprisade.* — Lexicon bibliographicum et encyclopaedicum a Mustafa Ben Abdallah Katib Jelebi dicto et nomine Haji Khalfa celebrato compositum. Ad codicum Vindobonensium Parisiensium et Berolinensis fidem primum edidit latine vertit et commentario indicibusque instruxit Gustavus Fluegel. (Auch mit Arab. Titel.) Tom. I. Leipsig, published for the Oriental Translation Fund of Great Britain and Jreland. 1835. gr. 4°. S. 31—41.

Nach dem Systeme Taschköprisade's (1495—1560), des Verfassers der Schrift „Miftáh Esseadet", welches Haji Khalfa unter den ihm bekannten Systemen als das beste bezeichnet, sind als Basis der Eintheilung aller Wissenschaften die vier Arten menschlichen Wissens angenommen: die Schrift (scriptura), das Wort (verba), der Gedanke (mens) und das Gesetz (rerum natura). Daraus entspringen vier grosse Capitel, von denen das erste die Schreibkunst (doctrinae artem scribendi tractantes), das zweite die philologischen (doctrinae quae singula verba spectant) und historischen Wissenschaften (doctrinae de rebus menti observantibus tractantes, quae cogitatione certo cognosci possunt), das dritte die mathematischen (doctrinae quae substantias spectant) und philosophischen (doctrinae philosophicae ad vitae usum conferendae) und das vierte die theologischen (doctrinae legales i. e. religionis) und juristischen (doctrinae legales i. c. juris) abhandelt. Das Nähere hierüber s. in den zum Haji Khalfa'schen Lexikon mitgetheilten Bemerkungen, sowie in den dort angeführten Schriften von J. v. Hammer-Purgstall (Encyklopädische Uebersicht der Wissenschaften des Orients) und J. Th. Zenker (Bibliotheca orientalis).

1540. *System von Vanegas.* — Primera Parte de las differencias de libros que ay en el vniuerso. Declaradas por el Maestro Alexio Venegas. Dirigida al Reuerendifsimo Señor el Doctor Juan Bernal Diaz de Luco, Opispo de Calaborra, y del Cōsejo desu Magestad &c. Su patrono y S. 1545. Aora nueuamente emendada y corregida por el mesmo Autor. Valladolid, impr. por D. F. de Cordoua. 1583. kl. 8⁰. 24 nicht num., 483 num., 6 nicht num. Bll. Antiq. Pr. bei Salvá 12 sh.

Der Verf. hat die Grundzüge seines einfachen Systemes in folgenden Worten zusammengefasst: „Los libros que esta primera parte contiene, son quatro. El primero Original. De la concordia de la predestinaciō, y del libre aluedrio. El 2. Natural. De la philosophia deste mundo visible. El 3. Racional. Del officio y vso de la razon. El 4. Reuelado. De la autoridad y firmeza de la sagrada escriptura." Die früheren Ausgaben des Buches finden sich bei Salvá angegeben: Toledo 1540. kl. 4⁰. (1 Pf. 4 sh.); Toledo 1546. kl. 4⁰. (1 Pf. 4 sh.); Madrid 1569. kl. 4⁰. (16 sh.)

1560. * *System von Treſler.* — Methodus, exhibens per varios indices, & classes subinde, quorumlibet librorum, cuiuslibet Bibliothecae, breuem, facilem, imitabilem ordinationem. Qua sane per accommode, & sine multa inquisitione occurrat studiosis optata inuentio & lectio eorundem elaborata & inuenta per Fratrem Florianum Treflerum, Benedictenburanum Coenobitam. Augustae per Vlhardum. 1560. 8⁰. ½ Alph.

In Bezug auf das in dem sehr seltenen Buche enthaltene bibliographische System, welches, wenn es auch nicht viel werth ist, doch um seines Alters willen Erwähnung verdient, macht B. G. Struve in der „Bibliotheca antiqva pvblicata Jenae anno MDCCVI. (Auch u. d. Tit.: Thesaurus variae eruditionis.) 4⁰." S. 39—40 folgende Mittheilungen: „Auctor incipit a libris Juris Ciuilis, cuius insigne sit A. Primo collocat illos, qui ad Methodum iuris faciunt, progreditur ad Corpus Juris, huiusque Commentatores. Haec Bibliotheca Juris Ciuilis: sequitur illa Juris Canonici, cuius insigne est B. quae eodem ordine dirigenda ac prior. Summistae sequuntur, seu de casi-

bus conscientiae Scriptores, qui signum C. praeferunt. Inde
Sententiarii signo D. notantur, Dictionaria signo E, in quorum
numero etiam Gesneri Bibliothecam vniuersalem collocat. Ha-
giographorum, chronographorum & topographorum, quia plures
sint, duas classes facit, quas insignit littera F. & G. quorum
aliquos ordine alphabetico indicat. Octauam classem Theolo-
gorum facit, quorum signum H. ita, vt primum Biblicos libros
cum Commentatoribus ponat, in sequenti vero sub littera I.
Theologos reliquos. Polemicos sub signo K, in quam classem
etiam haereticos libros collocat & famosos. Vndecimam clas-
sem sub signo L. Philosophis adsignat, ita tamen, vt secundum
diuersas partes vel etiam sectas distinguantur, quod tamen ge-
neratim saltim indicat. Duodecimam classem tribuit Conciona-
toribus & declamatoribus sub signo M. Sequuntur epistolarum
Scriptores sub signo N. Poëtae sub signo O. Philologici sub
signo P. In Penultimam classem sub signo Q. includit pro-
miscue omnes, quotquot superioribus non possint inseri, quae
sane ideo amplissima erit. In vltimam demum sub signo R.
Teutonicos libros reiicit."

1631. *System von Araoz.* — De bene disponenda Bibliotheca, Ad me-
liorem cognitionem loci & materiae, qualitatisque Librorum, Lit-
teratis perutile Opvscvlvm, Avctore Francisco de Araoz, Lavrentio
Ramirez de Prado Dicatvm. Matriti. Ex Officina Martinez. 1631.
kl. 8°. 24 & 69 Bll. Antiq. Pr. 1—2 Thlr.

Der Verf. hat die gesammten Bücher in folgende 15 Prae-
dicamenta eingetheilt: I. Characterum formatores, Dictionaria,
Grammatici; II. Scribentes de locis communibus rerum diver-
sarum & Scribentes de his, quae ad aliorum Auctorum intelli-
gentiam attinent; III. Rhetorici speculativi & Practici; IV. Hi-
storici profani veri vel fabulosi; V. Poetae profani & Comici;
VI. Geometrae, Musici, Arithmetici, Astrologi; VII. Philosophi
naturales, Medicinae Doctores, Agricultores, Ciborum conditores;
VIII. Philosophi Morales, qui Discursu, Fabulis moralibus, Hie-
roglyphicis, Emblematibus, Symbolis, Proverbiis vitam institu-
unt et mores instruunt; IX. Politici & Juristae; X. Canonistae
& Summistae; XI. Scriptores omnium materiarum ad integrum
cursum Artium pertinentium & Theologi Scholastici; XII. Sacra
Scriptura et illam Exponentes Versione, Commentariis, Discursu;
XIII. Historici Ecclesiastici; XIV. Patres et Doctores Ecclesiae
& Scriptores cuiuscunque piae doctrinae; XV. Poetae spiritua-
les, Libri ad recitandum, Libri ad sacra facienda.

1631. *System von Rhode.* — Ein bibliothekwissenschaftliches Gutach-
ten, abgegeben zu Padua im Jahre 1631 von Johannes Rhodius.
Aus einer Handschrift der hamburger Stadtbibliothek abgedruckt;
nebst einigen den Verfasser betreffenden und anderen Erläute-

rungen von Friedrich Lorenz Hoffmann. Hamburg, gedr. bei Meissner. 1856. 4°. 16 S. (Nur in wenigen Exempl. gedruckt und nicht im Handel.)

Nach Rhode's Vorschlag würden die gesammten Bücher in folgende 12 Classen einzutheilen sein: I. Theologi; II. Jureconsulti (Civiles et Canonici); III. Medici (Dogmatici, Empirici, Chymici); IV. Philosophi; V. Historici; VI. Poetae; VII. Oratores; VIII. Rhetores; IX. Logici; X. Philologi; XI. Critici; XII. Grammatici. — Zuerst ist dieses Gutachten unter dem Titel „eines bibliothekarischen Gutachtens" in der von den Beamten der Hamburger Stadtbibliothek „Ihrem verehrten Vorgesetzten Herrn Bibliothekar Professor Dr. Petersen an Seinem Jubeltage dem. 6. Januar 1856 in Erinnerung an den Tag, an welchem vor 25 Jahren Seine segensreiche Wirksamkeit an der Stadtbibliothek begann" überreichten Gratulationsschrift (Hamburg, gedr. bei Meissner. 1856. 4°.) S. 47—64 und daraus wieder im Serapeum Jahrg. XVII. 1856. Intelligenzbl. Nr. 2—6 und kürzer im Petzholdt'schen Neuen Anzeiger für Bibliographie und Bibliothekwissenschaft Jahrg. 1856. S. 71—78 abgedruckt worden, der Herausg. hat aber aus Bedenklichkeit, dass, weil Rhode nicht Bibliothekar gewesen sei, sein Gutachten auch eigentlich nicht mit Recht ein „bibliothekarisches" genannt werden könne, den ursprünglich gewählten und sogar auch für die oben erwähnte Separatausgabe schon fertig gedruckten Titel „Ein bibliothekarisches Gutachten u. s. w." durch einen neuen „Ein bibliothekwissenschaftliches Gutachten u. s. w." ersetzen lassen.

1635. *System von Clemens.* — Mvsei, sive Bibliothecae tam prinatae quàm publicae Extructio, Instructio, Cura, Vsus. Libri IV. Accessit accurata descriptio Regiae Bibliothecae S. Lavrentii Escvrialis: Insuper Paraenesis allegorica ad amorem literarum Opus multiplici eruditione sacra simul et humana refertum; praeceptis moralibus et literariis, architecturae et picturae subiectionibus, inscriptionibus et Emblematis, antiquitatis philologicae monumentis, atque oratoriis schematis utiliter et amoene tessellatum Auctor Clavdivs Clemens. Lvgdvni, Prost. 1635. 4°. 12 Bll. 574 S. Antiq. Pr. c. 20 Ngr.

Die Aufeinanderfolge der Bücherfächer in einer Bibliothek giebt der Verf. in dieser zwar sehr wort-, keineswegs aber gehaltreichen Schrift in nachstehender Weise an: I. Biblia Sacra, Appendix, in qua ad maiorem commendationem sacrorum Bibliorum et Christianae doctrinae reteguntur quaedam singularia et eximia, quae inde Poetae furati sunt; II. Patres Latini; III. Patres Graeci; IV. Scripturae Sacrae Interpretes; V. Controversiarum de Fide Disceptatores; VI. Concionatores; VII.

Theologi Scholastici; VIII. Theologi Morales; IX. Jus Canonicum; X. Jus Civile; XI. Philosophia contemplativa; XII. Philosophia moralis; XIII. Mathematici; XIV. Physiologi; XV. Medici; XVI. Historici Sacri; XVII. Historici Prophani; XVIII. Philologi, Polyhistores; XIX. Oratores, Rhetores; XX. Poetae; XXI. Grammatici; XXII. Pii, Ascetici; XXIII. Codices manuscripti; XXIV. Hebraei, Chaldaici, Syriaci, Arabici, Aethiopici. Vgl. Peignot's Dictionnaire raisonné de Bibliologie Tom. II. S. 220—30.

1635. *System von Montanus.* — Regiae Bibliothecae S. Lavrentii Escvrialis Descriptio. Als Anhang zu Claudius Clemens': Mvsei, sive Bibliothecae tam priuatae, quàm publicae Extructio, Instructio, Cura, Vsus. Libri IV. Lvgdvni, Prost. 1635. 4°. S. 515—36.

Das von Arias Montanus für die Escurialbibliothek entworfene, später freilich abgeänderte System ist folgendes: Grammatica, Vocabularia, Elegantiae, Fabulae, Poësis, Historia, Antiquarii, Dialectica, Rhetorica, Declamatio, Orationes, Epistolae, Ars memoriae, Mathematica in genere, Geometria, Arithmetica, Musica, Cosmographia, Geographia, Topographia, Astrologia, Astronomia, Divinatio, Perspectiva, Principes Philosophi, Naturalis Philosophia, Philosophi privati argumenti, Chymica, Metaphysica, Oeconomica, Politica, Aulica, Civile ius, Juris Civilis Interpretes, Gironomicae praeceptiones i. e. seniorum documenta, Mechanica, Venatio, Aucupium, Piscatio, Colymbitica (i. Vrinatrix), Militaris, Architectura, Idyllia opuscula (i. poëmatica exigua opera), Stromata, Encyclica, Catholica, Biblia sacra et Patres, Concordantiae Indices, Oeconomiae loci communes, Bibliorum commentaria, Canones Concilia Constitutiones religiosae, Canonicum ius, Doctores integri, Homiliae Orationes Epistolae Soliloquia Hymni, Doctrinales et semidisputatorii, Apologiae Disputationes privatae et Defensiones, Privata quaedam et Revelationes, Historia ecclesiastica et Vitae Sanctorum, Scholastica Theologia, Summistae etc.

1643. *System von Naudé.* — Bibliothecae Cordesianae Catalogvs. Cvm Indice titvlorvm. Parisiis, excud. Vitray. 1643. kl. 4°. 10 Bll. 542 S. Mit eingedrucktem Portrait des Joannes Cordesius. Antiq. Pr. c. 5 Thlr.

Von Gabriel Naudaeus (Naudé) bearbeitet.

Der Verf. hat von einem wirklich gegliederten Systeme ganz abgesehen und sich nur auf die Aneinanderreihung folgender Klassen beschränkt: Biblici Scriptores; Theologi; Bibliothecarii; Chronologi; Geographi; Historiae Scriptores (12 verschiedene Klassen); Virorum illustrium Vitae; Rei militaris Scriptores, Juris civilis Scriptores; Concilia, Juris Canonici et Politiae Ecclesiasticae Scriptores; Philosophi, Mathematici &

Medici; Politici; Litteratores, Oratores & Poetae. Nicht in Uebereinstimmung hiermit steht Das, was Naudé in seiner „Dissertatio de instrvenda Bibliotheca, Ad Illustrisſimum Dominum Praesidem De Mesme e gallico in latinum idioma translata per P. J. L. M." (abgedruckt in: De Bibliothecis nova Accessio Collectioni Maderianae adivncta a J. A. Schmidio. Helmstadii, Hamm. 1703. 4°. 8. 71—134. Uebersetzt aus: Advis pour dresser une Bibliothèque. Paris. 1627. 8°. Edit. II. Ibid. 1644. 8°. Einige führen noch eine spätere Ausgabe an, Ibid. 1646. 8°. — unsicherer sind die Angaben 1668 und 1688 — sowie eine Englische Uebersetzung von John Evelyn, London 1661. 8°.) über die Ordnung der Bücher in einer Bibliothek gesagt hat. Dort schreibt er nämlich: „Illam methodum omnium optimam et tutissimam esse statuo, quae est facilima, planissima, minus affectata et magis usitata; scilicet quae sequitur Facultates, Theologiam, Medicinam, Jurisprudentiam, Historiam, Philosophiam, Mathematicam, humaniora et caetera studiorum genera, quae singula denuo subdividenda sunt secundum suas partes, quarum cognitione mediocriter saltem imbutus esse debet bibliothecarius."

1649. *System von Fichet.* — Arcana Studiorum omnium Methodus, et Bibliotheca scientiarum, librorumque, earum ordine tributorum, universalis. Auctore Alexandro Fichet. Ad editionem quae prodiit Lugduni, Apud Guillelmum Barbier, M. DC. XLIX. fol. Abgedruckt in: Petri Lambecii Prodromus Historiae Literariae etc. curante Jo. Alberto Fabricio. Lipsiae & Francofurti, Liebezeit. 1710. fol Im zweiten Anhange 2 Bll. 1—134 S.

Die weniger motivirte als mehr willkürliche Eintheilung der gesammten Wissenschaften in 9 Klassen ist folgende: I. Aula Sapientum et Philosophorum, qui eloquentiam et sapientiam juvant; Historicorum qui et nativa florent eloquentia, et rerum temporumque doctrina praestant; Philologicorum, qui doctrina Humanioris literaturae praestant, et ornant eloquentiam, juvantque scientias eminentiores; II. Aula divinae Scripturae; III. Aula Theologiae scholasticae; IV. Aula Jurisprudentiae; V. Aula Medicinae; VI. Aula Mathematicae; VII. Aula Philosophorum scholasticorum; VIII. Aula. Flos optimorum locorum; IX. Aula. Curiosa Bibliotheca, flos majoris.

1664. *System von Hottinger.* — Joh. Henrici Hottingeri Bibliothecarivs qvadripartitvs. I. Pars, quae Prolegomenis absolvitur, agit de officio Bibliothecarij, Bibliothecis, &c. II. De Theologia Biblica. III. De Theologia Patristica: cum Appendice Leonis Africani hactenus ἀνεκδότῳ de Scriptoribus Arabicis. IV. De Theologia Topica; Symbolica, & Systematica; tam universali, quàm Particulari. Tiguri, Stauffacher. 1664. 4°. 5 Bll. 478 S. mit Portrait. Antiq. Pr. 20 Ngr.

Der Verf., der vorher die Bücher in: „1. Theologicos, qui ratione objecti vel mixti sunt, ex διδασκαλία et Elencho, vel Didactici, Elenctici, Historici, Catechetici, Ascetici, Practici, Scholastici. Subjecti, Reformati, Lutherani, Pontificii, Anabaptistici, Schwenkfeldiani, Arminiani, Sociniani, Judaei, Gentiles-Muhammedani, &c.; 2. Juridicos, qui vel Canonicum, vel Civile, vel Naturale jus tradiderunt; 3. Medicos, Galenicos, Paracelsicos, Empiricos; ratione materiae Botanicos, Anatomicos; 4. Historicos, universales, particulares; Sacros, Ecclesiasticos, profanos; Novi et Veteris Testamenti; ante vel post Reformationem; 5. Philosophicos: a. Grammaticos, sub quibus Poëtae, b. Rhetoricos, c. Dialecticos, d. Physicos, e. Mathematicos, sub quibus Arithmetici, ubi de pondere, mensura, &c. Musici, Geometrae (sub quibus Geographi, Cosmographi, Chorographi), Architectonici, &c., f. Ethicos, g. Politicos, ubi de militia, &c., h. Scholasticos, ubi de Indicibus, Bibliothecis, &c.; 6. Philologos Orientales, Graecos, Latinos, &c." getheilt hatte, hat später einer auf nur 5 Klassen beschränkten Eintheilung in „Theologica, Philologica (cum Historicis), Juridica, Medica, Philosophica" den Vorzug gegeben.

1669. *System von Lomeier*. — Johannis Lomeieri de Bibliothecis Liber **singvlaris**. Abgedruckt in: De Bibliothecis Accessio altera Collectioni Maderianae adivncta a J. A. S[chmidio]. Helmstadii, Hamm. 1705. 4º. 8. 1—278.

Das beim Ordnen einer Bibliothek in Anwendung zu bringende System des Verf., eigentlich gar kein System, besteht in dem einfachen Ausspruche: „Librorum dispositio arbitraria est, eam tamen cum jucunditate et utilitate conjunctam esse oportet." Allenfalls scheint er derjenigen Eintheilung „ut in prima classe sint Biblia sacra et libri Theologici; ut scripta Patrum, Scholasticorum et aliorum: iterumque jus Canonicum, historia Ecclesiastica, Chronologia sacra &c. In secunda libri Philosophici, juxta Philosophiae divisionem; itemque artes Mechanicae, quae ex Philosophia dependent. In tertia Medicina, Chirurgia &c. In quarta Juris civilis prudentia. In quinta humana historia pro ratione temporum et locorum. In sexta Oratores, Poëtae, Grammatici. In septima, universalia sive encyclia, thesauri, apparatus bibliothecae, dictionaria" den Vorzug zu geben. — Zuerst ist das L.'sche Schriftchen Zutphaniae 1669. 8º. (nach Einigen gleichzeitig auch Amstelodami 1669. 8º.) und in zweiter sehr vermehrter Ausgabe Ultrajecti 1680. 8º. erschienen.

1678. *System von Garnier*. — Joannis Garnerii Systema Bibliothecae Collegii Parisiensis Societatis Jesv. Parisiis Excudebat Mabre-Cramoisy. M. DC. LXXVIII. Wieder abgedruckt in: Sylloge aliqvot Scriptorvm de bene ordinanda et ornanda Bibliotheca stvdio et opera Jo. Davidis Koeleri. Francofvrti, Stein. 1728. 4°. S. 1—112.

Die allgemeinen Grundsätze dieses Systemes, welches von Morhof als eine „Dispositio elegantissima" gerühmt wird, sind nach dem Wortlaute des Verf.'s selbst folgende: „Doctrina, quae libris comprehenditur, perficit hominem secundum omnes animi vires doctrinae capaces; sunt illae vero quatuor. Ratio superior, Ratio inferior, Vis reminiscendi, et vis societatem cum aliis ineundi, quae aliarum trium complexio quaedam: homo enim dictus est a veteribus animal Deo cognatum, rationale, politicum. Rationem superiorem perficit doctrina divina; inferiorem, humana; vim reminiscendi, doctrina temporum; vim ineundi societatem, doctrina Juris. Doctrina divina dicitur, quae originem ducit a Verbo Dei; Humana, cujus principium est hominis ratio; Temporum, quae res olim gestas exhibet quasi praesentes; Juris, quae complectitur leges, id est vincula, quibus humanae societates colligantur. Doctrina, quae a verbo Dei ducit originem, a veteribus dicta est, modo Sapientia, modo Theologia. Doctrina, cujus principium est humana ratio, ab iisdem veteribus nominata est nonnunquam scientia simpliciter, saepius Philosophia. Doctrina temporum praeteritorum, rerumque olim gestarum scientia, nomen historiae accepit, quoniam sui studiosum efficit ἱστορα, id est rerum humanarum scientem. Doctrina Juris merito Eunomia nuncupatur, quoniam aequi justique regulas continet. Inde factum est, ut universa Bibliotheca, quae hic describitur, in partes omnino quatuor divisa sit; neque enim potuit, aut in pauciores, aut in plures, ut allata ratio demonstrat. Prima est Θεολογία, secunda Φιλοσοφία, tertia Ἱστορία, quarta Εὐνομία." Nichts desto weniger hat Garnier im Kataloge selbst noch für zweckmässig gehalten, diesen 4 Klassen eine fünfte: Heterodoxia hinzuzufügen.

1679. *System von Bouilleaud*. — Catalogus Bibliothecae Thuanae à clarissimis Viris Petro et Jacobo Puteanis Ordine Alphabetico primùm distributus; Tum à clarissimo Viro Ismaele Bullialdo Secundùm Scientias & Artes digestus. Denique editus à Josepho Quesnell. Cum Indice alphabetico Auctorum M. DC. LXXIX. Parisiis, impensis Directionis. Prostat in eadem Bibliotheca, et Apud Levesqve. Nunc vero Hamburgi, Apud Liebezeit. Lauenburgi ad Albim, impr. Pfeiffer. 1704. 6°. 56,510 & 632 S. Antiq. Pr. 20 Gr. Exemplare mit breitem Rande in Fol.-Format. Pr. 3 Thlr. 8 Gr. Von Jo. Alb. Fabricius besorgt.

Eine ausführliche Uebersicht des in diesem Kataloge (wovon die Originalausgabe zu Paris 1679 in 2 Bdn. 8°. herausgekommen ist und ein späterer Abdruck Hamburg 1740. 8°. erschienen sein soll) befolgten bibliographischen Systemes findet sich im Serapeum Jahrg. XIII. (Leipzig 1852. 8°.) Intelligenzbl. Nr. 14. S. 105—9, Nr. 15. S. 113—17, Nr. 16. S. 121—26, Nr. 17. S. 129—33, Nr. 18. S. 137—41, Nr. 19. S. 145—49, Nr. 20. S. 153—56. Die Hauptabtheilungen des Systemes sind folgende: Theologia: Biblia Sacra; Theologi; Ceremoniae, Ritus Ecclesiastici, Liturgiae, Missae, Consecrationes et alia; Concilia, Synodi, Colloquia; Historia Ecclesiastica; Haeretica; Theologia Hebraeorum et Rabbinorum — Jus Canonicum et Civile — Historia cum Politicis — Philosophia: Philosophia; Mathematica eum Musica et Astronomia; Optica; Kalendaria; Cosmographia cum Geographia et Astrologia; Artes; Medicina, Pharmaceutica et Chirurgica cum Alchymia; Historia naturalis — Literae Humaniores: Res Grammatica; Oratores et Poetae; Antiquitates s. Res Antiquaria; Philologorum Opera Moralia; Epistolae, Fabulae; Academiae, Bibliothecae, Catalogi Librorum et Scriptorum.

1688. *System von Morhof.* — Danielis Georgii Morhofii Polyhistor, literarius, philosophicus et practicus cum accessionibus virorum clarissimorum Joannis Frickii et Johannis Molleri, Flensburgensis. Editio quarta. Cui praefationem, notitiamque diariorvm litterariorum Europae praemisit Jo. Albertus Fabricius, nunc auctam et ad annum MDCCXLVII. continuatam. Tom. I—III. (in 2 Voll.) Lvbecae, Boeckmann. 1747. 4°. 27 Bll. 1072 S. mit Morhof's Portrait & 1 Bl. 28, 78, 612 S. Lad.-Pr. 3 Thlr. 8 Gr., antiquar. 4—5 Thlr.

Das bibliographische System Morhof's wird durch dessen „Polyhistor" (wovon folgende frühere Ausgaben angeführt werden: I. Lubecae, Boeckmann. 1688. 4°.; II. a Jo. Mollero auctus. Ibid. 1695. 4°.; a Jo. Henr. Muhlio continuatus. Ibid. 1708. 4°. 2 Tom.; Cum continuatione Muhlii. Ibid. 1714. 4°. 2 Tom.; III. Cum accessionibus Jo. Frickii et praefatione Jo. Alb. Fabricii. Ibid. 1732. 4°. 2 Tom.) selbst repräsentirt, welcher in nachstehend verzeichnete Abschnitte eingetheilt ist: Tom. I. Polyhistor literarius. Libb. 1. Bibliothecarius, 2. Methodicus, 3. *Παρασκευαστικος*, 4. Grammaticus, 5. Criticus, 6. Oratorius, 7. Poeticus — Tom. II. Polyhistor philosophicus. Libb. 1. Philosophico-historicus, 2. Physicus, 3. *Ματαιοτεχνος* de Artibus divinatoriis et Magia, 4. Mathematicus, 5. Logico-Metaphysicus — Tom. III. Polyhistor practicus. Libb. 1. Ethicus, 2. Politicus, 3. Oeconomicus, 4. Historicus, 5. Theologicus, 6. Juridicus, 7. Medicus.

1697. *System von Rostgaard.* — Projet d'une nouvelle methode pour dresser le Catalogve d'une Bibliotheqve selon les matieres avec le plan par Frederic Rostgaard. Seconde Edition Augmentée de quelques Articles tres-necessaires & mise en meilleur ordre. A Paris M. DC. XCVIII. Enthalten in: Sylloge aliqvot Scriptorvm de bene ordinanda et ornanda Bibliotheca stvdio et opera Jo. Davidis Koeleri. Francofvrti, Stein. 1728. 4°. S. 113—44.

In Bezug auf das für eine Bibliothek verwendbare System hat sich der Verf. in seinem „Projet" (I. Ausgabe Paris 1697. fol.) nur ganz kurz so ausgesprochen: „On peut reduire tous les Matières à XXIV. Classes, dont chacune aura pour marque une Lettre de l'Alphabet;" er hat es aber unterlassen, die Klassen selbst näher zu bezeichnen. Diese nähere Angabe lässt sich vielleicht aus der „Bibliotheca Rostgardiana in duas partes divisa, qvarum Prior Impressos Libros Altera Manuscriptos exhibet Vendenda Hafniae, Anno 1726. d. 7. Januarii. Hafniae, Höpffner. kl. 8°. 1 Bl. 552 S." entnehmen, wo aber nur folgende 22 Klassen angegeben sind: Biblia et Concordantiae; Explanatores Textus Biblici, Commentarii; Patres, Concilia, Theologi ante reformationem; Historia Ecclesiastica et Theologi; Rituales et Liturgici; Juridici; Politici et Ethici; Geographi et Topographici; Chronologia et Historia universalis; Historia antiqua; Historici recentiores; Antiquitates; Historia gentilit. genealogica; Historia literaria et Bibliothecarum; Vitarum Scriptores; Historia naturalis et Medicina; Philosophici; Mathematici et Bellici; Grammatici et Lexicographi; Oratores et Epistolographi; Poetae; Critici et Literatores. Wollte man freilich, wie es an ein paar Stellen im Kataloge geschehen ist, zwischen „Historici recentiores" und „Antiquitates" noch eine Klasse „Peregrinationes et itineraria" hinzufügen und die Klasse „Poetae" in zwei verschiedene „Poetae veteres" und „Poetae recentiores" zertheilen, so würde allerdings die Zahl der Klassen auf 24 ansteigen.

1709. *System von Fontanini*. — Jvsti Fontanini Dispositio Catalogi Bibliothecae Josephi Renati Imperialis S. R. E. Diaconi Cardinalis S. Georgii secvndvm scientiarvm, facvltatvm, artivm et rervm classes. Romae ex officina Gonzagae. A. cIɔIɔccIX. Wiederabgedruckt in: Sylloge aliqvot Scriptorvm de bene ordinanda et ornanda Bibliotheca stvdio et opera Jo. Davidis Koeleri. Francofvrti, Stein. 1728. 4°. S. 145—88.

Die Eintheilung der gesammten Litteratur in fünf Klassen, nämlich: I. Theologia (mit 19 Kapiteln), II. Jurisprudentia (mit 12), III. Philosophia (mit 8), IV. Historia (mit 19), V. Polymathia (mit 4), ist von der vieler anderer Systeme nicht sehr abweichend. Dagegen finden sich charakteristische Abweichungen in den Unterabtheilungen. Die Klasse der Philosophia zerfällt z. B. in: 1. Philosophia rationalis, 2. Philosophia naturalis, 3. Historia naturalis, 4. Philosophia moralis, 5. Philosophia politica, 6. Medicina, 7. Mathesis, 8. Astronomia — sowie die Klasse der Polymathia in: 1. Philologia, 2. Rhetorica, 3. Poetica, 4. Grammatica.

1709. *System von Marchand.* — Catalogus librorum Bibliothecae Domini Joachimi Faultrier, Abbatis Beatae Virginis Arduennensis, & Sancti Lupi Tricassini &c. Digestus à Prospero Marchand. Parisiis, Marchand et Quillau. 1709. 8º. 4 Bll. LII, 486 S. Mit eingedrucktem Portrait Faultrier's. Antiq. Pr. bis 3 Thlr.

Der Verf. sagt in seiner dem eigentlichen Kataloge vorangestellten sehr ausführlichen „Praefatio, seu Epitome Systematis bibliographici, In ordinando praesenti Catalogo adhibiti" über sein System im Allgemeinen Folgendes: „Res Libraria Universalis, seu Omnia generatim quae Libris continentur, ad tria praecipua capita, quibus praetereà, & Introductio, & Appendix adjungerentur, necessariò referenda fuisse visa sunt. Ea Capita, seu Classes principes, sunt: I. Scientia Humana, quae alio dicitur nomine Philosophia. II. Scientia Divina, quae aliter nuncupatur Theologia. Et III. Scientia Eventuum, quae proprio nomine vocatur Historia. Earum Introductio, est Bibliographia, seu Notitia Rei Librariae; Appendicem verò constituunt Polygraphi, seu Scriptores cujuscumque generis Universales, qui in praecedentibus Classibus admitti non potuerunt." Die weitere Eintheilung in Hauptabschnitte ist wie folgt: Introductio ad Rem Librariam seu Bibliographia: I. Bibliographia Instructiva; II. Bibliographia Simplex — Scientia Humana seu Philosophia: I. Litterae Humaniores. 1. Grammatica, 2. Logica & Rhetorica, 3. Poëtica, 4. Philologia; II. Litterae Severiores. 1. Philosophia proprie sumpta, 2. Mathesis —. Scientia Divina seu Theologia: I. S. Scriptura & ejus Interpretes; II. Theologia Judaïca; III. Theologia Christiana; IV. Theologia Muhammedana — Scientia Eventuum seu Historia: I. Prolegomena Historica; II. Historia Universalis; III. Historia Ecclesiastica; IV. Historia Profana; V. Paralipomena Historica — Appendix ad Rem Librariam: I. Polygraphi; II. Excerpta & Miscellanea Polygraphica; III. Dictionaria & Lexica Polygraphica.

1718. *System von Leibnitz.* — Gothofredi Guillelmi Leibnitii Opera omnia, Nunc primum collecta, in Classes distributa, praefationibus & indicibus exornata, studio Ludovici Dutens. Tom. V. Genevae, de Tournes fratr. 1768. 4º. Enthält S. 209—14: Idea Leibnitiana Bibliothecae publicae, Secundùm classes scientiarum ordinandae, fusior, & contractior.

Nach dieser, auch in Joach. Frid. Feller's „Otium Hanoveranum Sive Miscellanea, Ex ore & schedis Illustris Viri, piae memoriae, Godofr. Guilielmi Leibnitii Qvondam notata & descripta, etc. (Lipsiae, impens. Martini. 1718. 8º.)" S. 128—38 abgedruckten „Idea" zerfällt das gesammte Wissenschaftsgebiet in folgende Theile: Theologia: Biblica, Ecclesiastica (Hist.

Eccles., Concilia, Patres); Dogmatica (Positiva, Polemica); Practica (Ascetica, Moralis) — Jurisprudentia: Jus naturae & gentium; Jus Romanum & alia jura antiqua; Jus Ecclesiasticum humanum, seu Canonicum; Jus feudale, & publicum; Varia jura recentiora — Medicina: Hygiastica, & Diaetetica; Pathologia cum Semeiotica; Pharmaceutica; Chirurgica — Philosophia intellectualis: Theoretica, Logica, Metaphysica, Pneumatica; Practica, Ethica & Politica — Philosophia rerum imaginationis, seu Mathematica: Mathesis pura, ubi Arithmetica, Algebra, Geometria, Musica; Astronomia cum Geographia generali, Optica, Gnomonica; Mechanica, bellica, nautica, Architectonica; Opificiaria, omnigena a vi imaginationis pendentia — Philosophia rerum sensibilium seu Physica: Physica massarum, & similarium, quo pertinet etiam Chymia, de aqua, igne, salibus &c.; Regni mineralis, vegetabilis, quorsum Agricultura, animalis, quorsum Anatomica quoque; Oeconomica, & opificiaria artificiis physicis nitentia — Philologica, seu res linguarum: Grammatica & Lexica (Latina, Graeca &c., Orientalia); Rhetorica, ubi Epistolae, Orationes &c.; Poëtica; Critica; — Historia civilis: Universalis; Geographia, huc Genealogica, & Heraldica; Historia Graeca, & Romana cum antiquitatibus; Historia medii aevi a ruina Imperii Romani per Barbaros ad saeculum XVI; Historia nostri temporis, & saeculi superioris, & nostri; Historiae gentium; Historiae variarum rerum, huc & vitae saltem remissive — Historia literaria, & res Bibliothecaria — Generalia, & Miscellanea.

1746. *System von Formey.* — Conseils pour former une Bibliothèque peu nombreuse, mais choisie. Nouvelle Édition, corrigée et augmentée. Suivie de l'Introduction générale à l'Etude des Sciences & Belles-Lettres par M. de la Martiniere. Berlin, Haude et Spener. 1756. 8°. XXIV, 384 S. Antiq. Pr. c. 10 Ngr.
Von Samuel Formey verfasst.

Der Verf. hat zwar kein eigentliches System aufgestellt, aber durch die Reihenfolge, in der er die Wissenschaften in seiner Schrift behandelt, hinlänglich gezeigt, wie er sich die einzelnen Wissenschaften zu einem systematischen Ganzen geordnet denkt; er hat denselben folgende Anordnung gegeben: I. Ecriture Sainte, Théologie et Histoire Ecclésiastique, II. Philosophie, III. Belles-Lettres, IV. Journaux, V. Histoire, VI. Romans, VII. Poësie, VIII. Eloquence, IX. Morale et Goût, X. Sciences Militaires et Mathématiques, XI. Géographie et Voyages, XII. Jurisprudence et Médecine. — Die früheren Ausgaben des F.'schen Buches sind in Berlin 1746 und 1750 erschienen.

1747. *System von Becelli.* — De Bibliotheca instituenda ac ordinanda Liber. Veronae Apud Tumermanum. 1747. 4°. 34 S. Antiq. Pr. c. 20 Ngr.

Der Verf. ist Julius Caesar Becellius (Becelli).

Mit Festhaltung des Grundsatzes „Libros universos & linguarum ratione habita & temporum partimur" hat der Verf. die gesammte Litteratur in zwei grössere Abtheilungen, in ältere und neuere, geschieden und jeder von beiden 7 Abschnitte zugewiesen, die, was die ältere Litteratur anlangt, aus 1) Biblia tum Hebrei libri ac Orientalium veterum linguarum, 2) Graeci, 3) Latini, 4) Provinciales & Siculi, 5) Itali, 6) Indices rerum, 7) Indices verborum, und was die neuere Litteratur betrifft, aus 1) Libri Gallici, 2) Hispani, 3) Anglici, 4) Germani, 5) Orientales, 6) Indices rerum, 7) Indices verborum gebildet werden.

1747. *System von Legipontius.* — Oliverii Legipontii Dissertationes Philologico-Bibliographicae, in quibus De Adornandâ, & ornandâ Bibliothecâ; nec non De Manuscriptis, librisque rarioribus, & praestantioribus; Ac etiam de Archivo in ordinem redigendo, veterúmque Diplomatum criterio; Déque Rei Nummariae, ac Musices studio, & aliis potissimùm ad elegantiores literas spectantibus rebus disseritur. In usum Bibliothecariorum, & Philobiblorum publicae luci commissae. Norimbergae, Lochner & Mayer. 1747. 4°. 5 Bll. 327 S. Pr. 12 Gr., antiq. c. 1 Thlr. 10 Ngr.

In der ersten Abhandlung des Buches, welches auch in Spanischer Sprache (Valencia. 1759. 8°.) erschienen sein soll, schreibt der Verf.: „Processus generalis totius rei librariae fieri debet in quatuor classes principales, nempe: Theologicam, Philosophicam, Historicam et Juridicam. Prima autem classis complectitur S. Scripturam, ejusque interpretes, Exegeticos, Criticos, Commentatores, SS. Patres, Concilia, veteresque Scriptores Ecclesiasticos, ac recentes, dogmaticos, Elencticos, Historicos Sacros, Homileticos, Asceticos, Spirituales, Mysticos, Liturgicos, Theologos item Positivos, Scholasticos, Polemicos, Morales, Catecheticos, Concionatores, Casuistas, Quodlibeticos, Summistas, Regularum Monasticarum Expositores, caeterosque huc facientes. Ad classem Philosophicam referuntur non solum Dialectici, Logici, Physici, Metaphysici, et Theologiae naturalis doctores, sed etiam Medici, Botanici, Chymici, Chirurgici, Pharmacopoei, Pneumatici, Mechanici, quin et Mathematici, Geometrae, Astronomi, Arithmetici, Optici, Mnemonici, Poëtae, Rhetores, Grammatici, Lexicographi, nec non Oeconomici, Politici, rei nauticae, Thereuticae, seu Venaticae, Militaris, Mercaturae, et Agriculturae curatores; Empirici item, et Philologici, ac locorum communium compilatores, caeterique de septem artibus, ut vocant, liberalibus scriptores, nec non ad studia methodo, et arte tractanda manuductorii, suas hic agunt partes. Classem historicam occupant, tum historici universales, cum profani, tum Ecclesiastici, Monastici, ac particulares; tum etiam scriptores illi, qui historiae partes integrantes constituunt, quales sunt: Genealogici, Heraldici, Geo- & Chrono-graphi, Mythologi, rei Diplomaticae, nummariaeque, et antiquitatum, Graecarum, Romanarum, ac patriarum illustratores; quibus succenturiandi historiae literariae cultores Bibliographi, Critici item, et judiciorum de scriptoribus compilatores, nec non Polyhistores, Encyclopaedici, ac Philologici hanc in disciplinam intenti. In classe juridica reponuntur corpora utriusque juris, Canonici et Civilis, cum suis interpretibus, ac commentatoribus, tum universalibus, cum particularibus. Eadem quoque in classe veniunt scriptores ad jus naturae et gentium, ac etiam politici de regimine tractantes; item tractatuum pacis, ac foederum, actorumque publicorum, et praetensionum illustrium compilatores; uti et reliqui scriptores ad cujusvis regni, provinciae, gentis, jus publicum municipale, et practicum, seu consuetudinarium, facientes."

1748. *System von Francke.* — Catalogi Bibliothecae Bvnavianae Specimen. Lipsiae impr. Breitkopf. 1748. 4°. 2 Bll. 100 S. — Catalogvs Bibliothecae Bvnavianae Tom. I. Vol. 1—3; Tom II; Tom. III. Vol. 1—3. Lipsiae, vid. Fritschii. 1750—56. 4°. 28 Bll. 1—1000 S. 1 Bl. 1001—1784 S. 1 Bl. 1785—2484 S.; 12 Bll. 1—766 S.; 16 Bll. 1—584 S. 585—1076 S. 1 Bll. 1077—1553 S. Pr. 19 Thlr., antiq. c. 10 Thlr. f. Exempl. auf gewöhnl., über 15 Thlr. auf gut. Pap.

Von J. M. Francke bearbeitet.

Der allgemein als musterhaft bekannte, leider aber nicht vollendete Katalog giebt nur über einen Theil des Fr.'schen Systems einen Ueberblick, wovon hier ein kurzer Abriss folgt: *Tom. I.* Pars I. Fontes omnis eruditionis, cum sacrae, tum profanae: Lib. 1. Sacri Codicis editiones, 2 & 3. Auctores Graeci & Latini veteres, 4. Fontes eruditionis Judaicae et Muhamedicae, 5. Opera varia, quae non ad unam, sed ad varias eruditionis partes pertinent; Pars II. Historia litteraria in 8 Libb.; Pars III. Scriptores de cultura Linguarum: Lib. 1. Philologi et Critici, 2. Scriptores Epistolarum, 3. Rhetores et Oratores, 4. Poetae — *Tom. II.* Pars I. Scriptores de Historia in genere, de Geographia, Genealogia, Arte heraldica, Chronologia et Historia universali in 6 Libb.; Pars II. Historia antiqua Imperiorum et Gentium Orientalium, item Graeca, Romana et Byzantina in 4 Libb.; Pars III. Antiquitatum et Rei numismaticae Scriptores in 8 Libb. — *Tom. III.* Pars I.

Scriptores Historiae ecclesiasticae, cum universales, tum Veteris Testamenti exhibens in 2 Libb.; Pars II. Fontes Historiae ecclesiasticae Novi Foederis, sive SS. Patres et Concilia in 2 Libb.; Pars III. Historia ecclesiastica Novi Testamenti: Lib. 1. Scriptores generales, 2. Scriptores Historiae ecclesiasticae Novi Testamenti speciales, 3. Antiquitates ecclesiasticae, 4. Historia Summorum Pontificum et Cardinalium Ecclesiae Romanae, 5. Historia Ordinum religiosorum et militarium, 6. Historia Sanctorum et Martyrum, 7. Historia Haeresium, 8. Historia Reformationis Ecclesiae, 9. Historia Ecclesiarum Orientalium et Slavonicarum, item Miscellanea Historiae ecclesiasticae. — Ein anderes von dem vorstehend angeführten verschiedenes System findet sich in dem hauptsächlich mit von Francke redigirten „Catalogvs Librorvm, maximam partem exqvisitissimorvm, interqve hos splendidissimorvm Opervm, qvae in Bibliotheca Electorali Dresdensi [partim] in dvplo [partim in triplo] extitervnt, Qvorvmqve consveta avctionis pvblicae lege venditio fiet etc. Pars I—III. Dresdae, typis Waltheri. 1775—77. 8°. XII, 723 S.; 2 Bll. 571 S.; 3 Bll. 469 S." Dasselbe hat folgende Gliederung: Class. I & II. Auctores Veteres Graeci & Latini; III. Antiquitates & Scriptores Rei numismaticae; IV. Historia Antiqua; V. Historia universalis & Chronologia; VI. Genealogia & Heraldica; VII. Geographia, Itineraria & Historia exotica; VIII—XXII. Historiae Regnorum Europaeorum speciales, cum Jure publico Germaniae et Deductionibus; XXIII. Historia Pomparum & Ceremoniarum; XXIV. Historia Ordinum Equestrium; XXV. Jus Naturae & Gentium ac Scriptores politici; XXVI—XXVIII. Jus civile, Provinciale & Statutarium, Canonicum & Ecclesiasticum; XXIX. Encyclopaediae, Opera varia, &c.; XXX. Historia litteraria; XXXI. Epistolographi; XXXII. Ephemerides litterariae; XXXIII. Philologi & Critici; XXXIV. Rhetores & Oratores; XXXV. Poetae Recentiores, Satyrae & Fabulae Romanenses &c.; XXXVI. Philosophia; XXXVII. Historia nat. & Physica; XXXVIII. Ars Medica; XXXIX. Oeconomia; XL. Mathesis; XLI. Res Militaris & Equestris; XLII—XLIV. Biblia S., Apparatus Biblicus & Antiquitates Hebraicae, Interpretes Bibliorum; XLV. Patres Graeci & Latini; XLVI. Conciliorum & Synodorum Historia & Collectiones; XLVII. Historia Ecclesiastica & Antiquitates Ecclesiasticae; XLVIII. Theologia Naturalis; XLIX—LI. Theologi Catholici, Reformati, Lutherani; LII. Theologia Judaica; LIII. Theologia Ecclesiae Graecae Recentioris; LIV. Sociniani; LV. Heterodoxi; LVI. Theologia Turcica.

1763. *System von De Bure*. — Catalogue des Livres de la Bibliothèque de feu M. le Duc de La Vallière. Partie I. Par Guillaume de Bure fils aîné. Tom. I. Paris, de Bure. 1783. 8°. Enthält S. XXXV—LX: Table des Divisions.

Das in der „Table des Divisions" spezificirte bibliographische System, welches mit dem in der De Bure'schen „Bibliographie instructive: ou Traité de la connoissance des Livres rares et singuliers. Volume de Théologie. (Paris, de Bure. 1763. 8°.) S. XV—LXVI" enthaltenen „Systéme complet de Bibliographie choisie: ou Ordre des Facultés et Divisions d'un Catalogue" im Wesentlichen übereinstimmt, besteht aus folgenden Rubriken: I. Classe. Théologie in 5 Sectionen (Ecriture Sainte, Liturgies, Conciles, Saints Pères, Théologiens); II. Classe. Jurisprudence in 2 Sect. (Droit canonique, Droit civil); III. Classe. Sciences et Arts in 6 Sect. (Philosophie, Physique, Histoire naturelle, Médecine, Mathématiques, Arts); IV. Classe. Belles-Lettres in 5 Sect. (Grammaire, Rhétorique, Poétique, Philologie, Polygraphie); V. Classe. Histoire in 11 Sect. (Géographie, Voyages, Chronologie, Histoire universelle, Histoire ecclésiastique, Histoire profane des Monarchies anciennes, Histoire moderne, Paralipomènes historiques, Antiquités, Histoire littéraire, Vies des Hommes illustres).

1774. *System von Denis*. — Mich. Denis Einleitung in die Bücherkunde. Th. I—II. Zweyte verbesserte Ausgabe. Wien, Ebl. v. Trattner. 1795—96. 4°. [Vorläufer: Grundriß der Bibliographie. Wien 1774. 6°. & Grundriß der Literargeschichte. Daselbst 1776. 8°.] — Erste Ausgabe: Wien 1777—78. 4°. 2 Thle. — Nachdruck mit einigen Zusätzen: Bingen 1782. 8°. 2 Thle.

Der Verf. setzt 7 Hauptdisciplinen fest, auf welche sich seiner Ansicht nach alle menschliche Kenntnisse, folglich auch alle Bücher zurückführen lassen — sieben, weil sieben, jede insbesondere genommen, leichter zu übersehen seien, als vier oder fünf, ohne dass sie doch durch ihre Zahl zu arm und mager werden. Diese 7 Hauptdisciplinen sind: die Gottesgelehrtheit, die Rechtswissenschaft, die Weltweisheit, die Heilkunde, die Mathematik, die Geschichte, die Philologie. Jede habe ihre Fächer und Unterabtheilungen, und durch eines dieser Fächer sei jede mit einer anderen so verbunden, dass sie eine förmliche Encyklopädie ausmachen. Die Gottesgelehrtheit hänge durch die Concilienkenntniss mit der Rechtswissenschaft, die Rechtswissenschaft durch das Naturrecht mit der Weltweisheit, die Weltweisheit durch die Naturgeschichte mit der Heilkunde, die Heilkunde durch die Anatomie mit der Mathematik, die Mathematik durch die Zeitrechnung mit der Geschichte, die Geschichte durch die Romane mit der Philologie, die Philologie endlich durch die Mythologie mit der Theologie zusammen. Die Aufeinanderfolge der Disciplinen hat der Verf. in folgender Weise motivirt: Der Mensch machte sich zum ersten Geschäft, ein höchstes Wesen, seinen Schöpfer nach allen seinen Vollkommenheiten zu erkennen, und nach diesem Erkenntnisse seine Pflichten gegen ihn zu bestimmen; daher die Gottesgelehrtheit. Er fand sich von diesem Schöpfer mit gleichartigen Gesellschaftern umgeben, zuweilen ihrer Hilfe bedürftig, zuweilen aber auch im Stande, ihnen Hilfe zu leisten; daher die Rechtswissenschaft. Er sah sich auf dem herrlichen Schauplatze der Wunder Gottes um, und gewann seinen Aufenthalt lieb; daher die Weltweisheit. Hieraus musste nothwendig Neigung zur Erhaltung des Lebens, zum Wohlsein entspringen; daher die Heilkunde. Nicht zufrieden mit dem Wohlstande seines thierischen Theiles suchte er auch seine Seelenkräfte zu erhöhen und zu schärfen; daher die Mathematik. Nachdem er auf diese Art für sich selbst gesorgt hatte, fand er Muse, seine Sorgen auch auf seine Nachkunft dadurch zu erstrecken, dass er für sie die wichtigsten Begebenheiten seines Zeitalters aufzeichnete; daher die Geschichte. Dies beschäftigte ihn dennoch nicht so ganz, dass er nicht auch auf angenehme Unterhaltungen seines Geistes hätte denken können; daher die Philologie.

1793. *System von Schütz-Hufeland und Ersch.* — Allgemeines Repertorium der Literatur für die Jahre 1785 bis 1790. Jena, Expedition der allgem. Literatur-Zeitung. 1793—94. — Item für die Jahre 1791 bis 1795. Bd. I—III. Weimar, Industrie-Comptoir. 1799—1800. — Item für die Jahre 1796 bis 1800. Bd. I—II. Daselbst 1807. 4°.

Handbuch der Deutschen Literatur seit der Mitte des achtzehnten Jahrhunderts bis auf die neueste Zeit, systematisch bearbeitet und mit den nötigen Registern versehen von Johann Samuel Ersch. Leipzig, Brockhaus. 1812—14. 8°. 2 Bde. in 8 Abtheilungen. — Neue mit verschiedenen Mitarbeitern besorgte Ausgabe. Daselbst 1822—40. 8°. 4 Bde. in 8 Abtheilungen.

Nach dem von Christ. Gottfr. Schütz und Christ. Wilh. v. Hufeland aufgestellten und von Ersch weiter ausgeführten Systeme zerfällt die gesammte Literatur in: I) Schriften, welche einzelne Wissenschaften behandeln, und zwar 1) Wissenschaft im Allgemeinen (Wissenschaftskunde); 2) Wissenschaften im Besonderen: A) Sprachwissenschaft (Philologie), B) Realwissenschaften: a) Positive Wissenschaften: α) Positive Theologie, β) Positive Jurisprudenz; b) Nichtpositive d. h. natürliche Wissenschaften: α) Wissenschaften, welche sich auf blos nützliche Gegenstände beziehen: aa) Philosophische Wissenschaften: αα)

Wissenschaften des Menschen: aaa) an sich d. h. seiner Natur nach: ααα) in Rücksicht auf Körper (Medicin), ββ) in Rücksicht auf Seele (Philosophie); bbb) in Gesellschaft: ααα) in Rücksicht auf Erziehung (Pädagogik), ββ) in Rücksicht auf das Verhältniss zum Staate: aaaa) als dessen Bürger (Staatswissenschaft), bbbb) als dessen Vertheidiger (Kriegswissenschaft); ββ) Wissenschaften der Natur: aaa) nach Theorie (Naturwissenschaft), bbb) nach Praxis (Technologie); bb) Mathematische Wissenschaften (Mathematik), cc) Historische Wissenschaften (Geschichte); β) Wissenschaften, welche sich auf schöne Künste beziehen (schöne Künste); 3) Geschichte der Wissenschaften (Litterargeschichte); II) Schriften, welche mehrere Wissenschaften behandeln (vermischte Schriften). Hiernach ergeben sich folgende 16 coordinirte Abtheilungen oder Wissenschaftsfächer: A. Wissenschaftskunde, B. Philologie, C. Theologie, D. Rechtswissenschaft, E. Medicin, F. Philosophie, G. Pädagogik, H. Staatswissenschaft, I. Kriegswissenschaft, K. Naturwissenschaft, L. Technologie, M. Mathematik, N. Geschichte, O. Schöne Künste, P. Litterargeschichte, Q. Vermischte Schriften.

1796. *System von Krug.* — Versuch einer Systematischen Enzyklopädie der Wissenschaften. Von Wilhelm Traugott Krug. Th. I. Wittenberg u. Leipzig, Winkelmann u. Barth. 1796. Th. II. Jena, Voigt. 1797. 8°. XVI, 174 & XII, 242 S. Pr. 1 Thlr. 12 Gr., antiq. c. 20 Ngr. (Wiederabgedruckt in Krug's gesammelten Schriften Bd. X. oder IV. Abtheilung: Enzyklopädische und vermischte Schriften Bd. I. Leipzig, Fleischer. 1841. Neue unveränderte Ausgabe. Leipzig, G. Wigand. 1845. 8°.) Als III. Theil gehört hierzu: Enzyklopädisches Handbuch der wissenschaftlichen Literatur. Bd. I—II in 10 Heften. Leipzig u. Züllichau, Darnmann. 1804—19. 8°. Pr. 7 Thlr. 9 Gr., antiq. 1 Thlr. 15 Ngr.

Das allgemeine System der Wissenschaften lässt sich nach des Verf. Ansicht am füglichsten in folgender Weise darstellen: I. Philologische Wissenschaften. II. Realwissenschaften: 1) natürliche: A) historische Wissenschaften im weiteren Sinne: a) sich beziehend auf einzelne Gegenstände im Raume, beschreibende oder geographische Wissenschaften; b) sich beziehend auf einzelne Gegenstände in der Zeit, erzählende oder historische Wissenschaften im engeren Sinne oder schlechthin; B) rationale Wissenschaften: a) gegründet auf Construction der Begriffe, mathematische Wissenschaften; b) gegründet auf diskursive Begriffe, philosophische Wissenschaften im weiteren Sinne: α) auf rein-diskursive Begriffe, philosophische Wissenschaften im engeren Sinne oder schlechthin; β) auf empirisch-diskursive Begriffe, empirisch-rationale Wissenschaften: א) betreffend den Menschen, anthropologische Wissenschaften im weiteren Sinne: aa) den einzelnen Menschen, anthropologische Wissenschaften im engeren Sinne: αα) nach seinen einzelnen Hauptbestandtheilen: אא) dem Körper, empirische Somatologie: †) allgemeine Kenntniss des menschlichen Körpers an und für sich, anthropologische Somatologie; ††) detaillirte Kenntniss desselben nach allen seinen Bestandtheilen und Functionen in Beziehung auf Erhaltung und Herstellung seines gesunden Zustandes, medicinische Somatologie, woraus sich die medizinischen Wissenschaften ergeben; בב) der Seele, empirische Psychologie; ββ) im Ganzen: אא) an und für sich betrachtet, Anthropologie im eigentlichen Sinne oder schlechthin; בב) in Beziehung auf diejenigen Theorien, die sich auf Kenntniss des Menschen im Ganzen gründen; bb) den Menschen in gesellschaftlichen Verhältnissen, politische Wissenschaften im weitesten Sinne; ב) betreffend die den Menschen von aussen umgebenden Gegenstände oder die Natur, physikalische Wissenschaften; 2) positive: A) juristische Wissenschaften; B) theologische Wissenschaften. Nach dieser allgemeinen systematischen Darstellung zerfällt das gesammte Wissenschaftsgebiet in neun Haupttheile: 1) philologische Wissenschaften, 2) historische Wissenschaften im weiteren Sinne, 3) mathematische Wissenschaften, 4) philosophische Wissenschaften im engeren Sinne, 5) anthropologische Wissenschaften im weiteren Sinne, mit Ausschluss der medicinischen Wissenschaften, welche aus gewissen Gründen den physikalischen schicklicher folgen, 6) physikalische Wissenschaften, 7) medicinische Wissenschaften, 8) juristische Wissenschaften, 9) theologische Wissenschaften.

1798. *System von Camus.* — Observations sur la distribution et le classement des livres d'une bibliothèque, Par A. G. Camus. Lues le 6 prairial an 4, et déposées au secrétariat de l'Institut le 3 ventose an 5. Enthalten in: Mémoires de l'Institut National des Sciences et Arts, pour l'an IV de la République. Littérature et Beaux-Arts. Tom. I. Paris, Baudouin impr. An VI. (1798.) 4°. S. 643—66 & 675—76.

Nach des Verf.'s Ansicht muss die Bibliographie als die Wissenschaft, welche in die Kenntniss der Bücher einführt, an der Spitze der Litteratur stehen. Dann denkt er sich die übrigen Wissenschaften in der Ordnung an einander gereiht, wie sich die in die verschiedenen Wissenschaften gehörigen Gegenstände einem lernbegierigen Naturmenschen (Buffon Histoire naturelle édit. in 12°. Tom. IV. p. 511) auffällig zeigen. „Une multitude d'objets l'environnent; il les apperçoit; ses yeux, frappés d'un grand spectacle, sont avides de connoître. Ses études se portent d'abord sur l'univers entier, sur le monde, le ciel et les astres qui l'embellissent, la terre qu'il habite. Ces opérations que le desir de connoître et l'étude qui en est la suite, entraînent, découvrent à l'homme, ou lui font soupçonner l'existence d'une substance distincte, différente soit de son corps, soit de tout autre corps qui peut être le sujet de sa pensée, mais qui n'est pas sa pensée. Il étudie la nature de ces êtres que nous nommons spirituels. Après avoir parcouru toutes les merveilles de l'univers, il revient sur sa propre personne pour s'étudier, se perfectionner, mesurer l'étendue des connoissances dont il est susceptible. Dans cette idée, il rassemble ce qui a été écrit sur la nature de l'homme, son éducation, la formation des langues, leur système général et particulier, le vocabulaire de chacune. Il se livre aux sciences. Après les sciences, les arts appellent son attention. Mais l'étude et la lecture ne sont pas destinées à tenir l'homme dans une contention toujours soutenue, ni sous un poids accablant: la littérature le délasse et le récrée. C'est donc ici que je place ce que l'on nomme, en général, belles-lettres. Jusques ici l'homme a été envisagé seul; il n'a point été considéré comme vivant en société. Présentons-lui maintenant les objets qui appartiennent à cet état si naturel à son être; qu'il sonde les bases de la société. Cette partie d'étude appelle d'abord ce que l'on nomme le droit naturel, le droit des gens, et celui des peuples divers; leurs codes civils et religieux; puis la diplomatie, les traités de politique, les collections des traités de paix. Les ouvrages sur l'économie, le commerce et les finances, appartiennent à la même classe. De là on arrive aux grands rassemblemens de faits, à l'histoire." Dies die Grundzüge des Systems, an dessen Schluss noch „les collections qui appartiennent à toutes les classes des connoissances humaines, et qui tendent à les perfectionner, soit par de sages critiques, soit par d'érudites recherches (de ce genre sont les collections encyclopédiques, les actes et les mémoires des sociétés savantes, des universités, des académies, les histoires littéraires et les journaux)" hinzuzufügen sein dürften.

1799. *System von Ameilhon.* — Projet Sur quelques changemens qu'on pourroit faire à nos catalogues de bibliothèques, pour les rendre plus constitutionnels; avec des observations sur le caractère, les qualités et les fonctions d'un vrai bibliothécaire, Par Ameilhon. Lu le 13 germinal an 4. Enthalten in: Mémoires de l'Institut National des Sciences et Arts. Littérature et Beaux Arts. Tom. II. Paris, Baudouin. An VII. (1799.) 4º. S. 477–92."

Peignot schreibt in seinem „Dictionnaire raisonné de Bibliologie Tom. II. (Paris, Renouard. An XI. 1802. 8*.)" S. 202 —3 über dieses System zum Theile mit des Verf.'s eigenen

Worten: „Son auteur n'est pas d'avis qu'on laisse la théologie en tête de catalogues; il la remplace par la Grammaire et par les livres destinés à l'étude des langues: cette étude est la clef de toutes nos connoissances. Delà il passe à la science qui dirige l'entendement, à la Logique, ensuite à la Morale, qui forme le coeur, puis à la Jurisprudence. Il retranche le droit canon de la jurisprudence, et croit devoir le placer après les conciles ou après l'histoire générale de l'église, parce que ce droit tient à la discipline ecclésiastique. Quant au droit canon propre à chaque église, à chaque corporation ecclésiastique ou religieuse, il le fait marcher à la suite de leur histoire particulière. A la jurisprudence succède la Métaphysique, qui comprend, sous le titre d'êtres immatériels, Dieu et les esprits. C'est ici qu'il place la théologie universelle, en commançant par la religion naturelle, d'où passant aux différentes religions, il trouve nécessairement place à la théologie proprement dite. C'est-là qu'il venge les SS. pères du mépris des ignorans qui disent tous les jours: Que sert de conserver ce fatras de SS. pères qu'on ne lira plus? Il fait suivre la métaphysique de la Physique avec toutes ses dépendances, telles qu'elles se trouvent disposées dans le systéme actuel. Il en est de même des Arts qu'il conserve sans aucun changement, ainsi que des Belles-Lettres, à part la grammaire dont nous avons parlé plus haut. Quant à l'Histoire, pour tout changement, il place l'histoire civile avant l'histoire ecclésiastique, ayant soin de faire suivre l'histoire universelle, civile ou profane, de l'histoire ecclésiastique universelle, et l'histoire civile ou profane de chaque nation, de l'histoire ecclésiastique particuliére à chaque pays."

1800. *System von Daunou.* — Mémoire sur la Classification des livres d'une grande Bibliothèque. Lu à la Classe des sciences morales et politiques de l'Institut, Séance du 22 brumaire an IX (13 Novembre 1800); par P. Cl. Fr. Daunou. Nicht gedruckt. — Im Auszuge abgedruckt unter dem Tit.: Système bibliographique de Daunou. Enthalten im: Bulletin du Bibliophile, publié par Techener. IV. Série 1840—1841. Paris, Techener. 8°. No. 9 & 10. S. 402—407.

Nach diesem, im Abrisse auch zu Eingang des „Catalologue des livres de la Bibliothèque de Daunou (Paris, Techener. 1841. 8°.)" abgedruckten Systeme zerfällt das gesammte Litteraturgebiet in sieben Klassen, denen theils „Préliminaires (Bibliographie, Histoire littéraire)" vorausgehen, theils „Supplémens ou Collections (Collections encyclopédiques et académiques, Collections périodiques, Collections classiques)" folgen. Die sieben Klassen sind: I. Belles Lettres (1. Langues; 2. Prose;

3. Poësie; 4. Mélanges littéraires); II. Histoire (1. Préliminaires de l'Histoire; 2. Histoire des peuples anciens et modernes; 3. Histoires spéciales; 4. Supplémens historiques); III. Philosophie (1. Philosophie générale, sciences morales et politiques; 2. Sciences physiques et mathématiques); IV. Arts; V. Médecine; VI. Jurisprudence; VII. Théologie.

1802. *System von Butenschoen.* — Dictionnaire raisonné de Bibliologie, etc. Par G. Peignot. Tom. II. Paris. Renouard. XI = 1802. 8°. S. 212—18.

Nach den vom Verf. an Peignot gemachten Mittheilungen hat ersterer dem encyklopädischen Systeme als dem einfachsten und natürlichsten den Vorzug gegeben, und folgende Eintheilung festgestellt: I. Introduction générale aux Sciences, Lettres et Arts (mit 6 Abschnitten) — II. Littérature et Beaux-Arts: A. Philologie (mit 10), B. Belles-lettres, beaux-arts (mit 5) — III. Sciences historiques (mit 4) — IV. Sciences philosophiques: A. Sciences philosophiques théoriques (mit 3), B. Sciences morales et politiques, a. Sciences morales ou philosophiques pratiques (mit 2), b. Sciences politiques (mit 5), C. Sciences philosophiques méthodiques — V. Sciences mathématiques et physiques: A. Sciences mathématiques, a. Introduction, b. Mathématiques pures (mit 2), c. Mathématiques appliquées (mit 3), d. Mélanges, B. Sciences physiques, a. Physiographie ou histoire naturelle (mit 3), b. Physique (mit 5), c. Chimie (mit 4) — VI. Sciences économiques et médicales: A. Sciences économiques (mit 5), B. Sciences médicales (mit 5) — VII. Arts et Métiers (mit 9) — VIII. Sciences positives: A. Jurisprudence (mit 5), B. Théologie (mit 4) — IX. Mélanges, Collections, Polygraphes.

1802 * *System von Thiébaut* — Exposition du tableau philosophique des Connaissances humaines; par Arsenne Thiébaut. Paris, impr. de la République. X. (1802.) 8°.

Peignot, in dessen „Dictionnaire raisonné de Bibliologie" Tom. II. S. 248—56 dieses System mitgetheilt ist, sagt darüber: „L'idée-mère en appartient à Diderot, qui l'a consignée dans son Traité de l'éducation publique. Le savant encyclopédiste adopte pour la division naturelle des connaissances humaines, les trois principales époques de l'éducation: il place dans le domaine de l'enfance, les connaissances dites instrumentales; il donne les connaissances dites essentielles, à l'adolescent; et il assigne à la jeunesse les connaissances dites de convenance, résultant des goûts et des fruits des premières études. Voici comment Thiébaut développe l'idée de l'auteur. I. Connaissances instrumentales: 1. Langage, 2. Mathématiques, 3. Logique.

II. Connaissances essentielles: 1. Morales, 2. Physiques. III. Connaissances de convenance: 1. Histoire (A. Positive, B. Civile, C. Sacrée), 2. Théorie (A. Morale, B. Physique), 3. Pratique (A. Morale, B. Physique)."

1803. * *System von Barbier.* — Catalogue des livres de la Bibliothèque du Conseil d'État. Paris, impr. de la République, an XI (1803.) Fol. 2 Thle. in 1 Bd. Nur in 200 Exempl., wovon 15 auf sehr schönem Pap., abgedruckt. Antiq. Pr. 12—15 Fr. Von A. A. Barbier bearbeitet.

Ueber dieses System, welches sich in den Hauptabtheilungen an das zu Barbier's Zeit hauptsächlich in Frankreich gangbare anschliesst und nur in den Unterabtheilungen eigenthümliche Modificationen erhalten hat, finden sich im Bulletin du Bibliophile Série VII. 1845, wo No. 3. S. 119—21 „Quelques Idées sur les divisions du Catalogue de la Bibliothèque du Conseil d'État, par A. A. Barbier" abgedruckt sind, einige Mittheilungen in Bezug auf die Motiven. Der Verf. sagt dort unter Anderem: „Voici le fond de ce système: il est partagé en cinq grandes divisions. La première est composée des ouvrages relatifs à la Théologie ou aux cultes religieux; la touchante idée de la Divinité préside donc ici à tout ce que l'esprit humain a produit et inventé. Les lois qui régissent les sociétés devant être après nos devoirs envers Dieu, le principal objet de nos réflexions, la Jurisprudence ou législation forme la seconde division de notre système bibliographique. La troisième, sous le titre de Sciences et Arts, comprend les ouvrages relatifs à la philosophie, à la logique, à la morale, à la politique, à l'économie politique, à l'histoire naturelle, aux mathématiques et aux arts soit libéraux, soit mécaniques. Les Belles Lettres, ou les ouvrages composés pour faciliter la connoissance des langues anciennes et modernes, les productions des orateurs et des poëtes, celles où sont tracées les règles de la critique et du goût, celles enfin qui dépendent de l'imagination, forment la quatrième classe. On fait entrer dans une cinquième et dernière classe appelée Histoire, tout ce qui est relatif à la géographie, à la chronologie et aux événemens qui se sont passés et qui se passent tous les jours sur la scène du monde. On peut affirmer que ce système bibliographique est le plus clair et le plus simple de tous ceux qui ont été publiés jusque aujourd'hui." Eine Uebersicht der sämmtlichen Unterabtheilungen des Barbier'schen Systemes ist in der Leipziger allgemeinen PressZeitung Jahrg. II. 1841. No. 7. 8p. 53—55 & No. 25. 8p. 201—7 und in der II. Ausgabe der Deutschen Bearbeitung von L. A. Constantin's Bibliothéconomie (Leipzig, Weber. 1842. 8°.) S. 161—80 abgedruckt.

1806. *System von Olenin.* — Опытъ новаго Библіографическаго Порядка для Санктпетербургской императорской Библіотеки. Представленъ отъ Дѣйствительнаго Статскаго Совѣтника Оленина и утвержденъ Главнымъ Начальствомъ въ 1808 году. A. u. d. Tit.: Essai sur un nouvel Ordre Bibliographique pour la Bibliothèque Impériale de St. Petersbourg presenté par le C: d'E: A: Olenin et approuvé par le Directeur en chef en 1808. Traduit du Russe par l'A. de Grandidier. Petersbourg, de l'Imprimerie du Gouvernement. 1809. 4°. 2 Bll. 112 S. Nebst 2 in Kpf. gestochenen Titelbll. u. 2 darauf befindl. Abbild. (Nicht im Handel.)

Das nicht blos in Russischer und Französischer, sondern auch in Lateinischer Sprache speziell ausgeführte System Alexis Olenin's beruht auf folgender Haupteintheilung: I. Sciences: Sc. Intellectuelles. 1. Théologie. 2. Jurisprudence. 3. Philosophie. 4. Histoire; Sc. Naturelles. 5. Histoire naturelle. 6. Medecine. 7. Physique. 8. Chymie; Sc. Exactes. 9. Mathématiques Pures et Mixtes — II. Arts: 1. Arts Mécaniques. 2. Arts Libéraux. 3. Arts Oratoires — III. Philologie: 1. Linguistique. 2. Polygraphie. 3. Critique.

1809. *System von Girault.* — Système de Bibliographie, Extr. du Cours de Bibliogr. de Marseille, t. 3, chap. 4, n° XIV. Par Cl. Xav. Girault. Dijon, impr. de Frantin. 1809. 8°. 15 S. mit 1 Tabelle. Antiq. Pr. c. 8 Ngr.

Nach diesem, wie der Verf. sagt „Système de Bibliographie adopté pour la Bibliothèque publique de la Ville d'Auxonne," welches aus dem C. F. Achard'schen „Cours élémentaire de Bibliographie, ou la Science du Bibliothécaire. Tom. III. (Marseille, Achard. 1807. 8°.)" besonders abgedruckt ist, zerfällt die gesammte Litteratur in folgende Ober- und Unterabtheilungen: Instruction préliminaire: Éducation; Grammaire; Études (Art de parler, d'écrire, de penser, de calculer et mesurer) — Cosmographie: Sphéristique; Géographie; Hydrographie; Descriptive — Histoire: Ancienne; Moderne; Blason; Religieuse — Législation: Divine ou Théologie; Humaine ou Jurisprudence; Morale ou Philosophie — Histoire naturelle: Règne céleste; Règne atmosphérique; Règne animal; Règne végétal; Règne minéral; Physique; Chimie; Art de guérir; Industrie — Sciences et Arts: Mathématiques transcendantes; Art militaire; Architecture; Poésie; Bibliographie.

1812. *System der Bibliographie de la France.* — Tableau bibliographique des Ouvrages en tous genres qui ont paru en France; divisé par Table alphabétique des Ouvrages, Table alphabétique des Auteurs, Table systématique. Paris, impr. de Pillet fils aîné. 8°. Re-

gisterbände zur älteren vom J. 1812 bis zum Jahre 1856 reichenden
Suite der Bibliographie de la France.
Von Verschiedenen redigirt.

Der früher von Beuchot bei der Redaction des systematischen
Registers befolgte Plan schliesst sich im Allgemeinen an das
am meisten in der Französischen Bücherwelt sowohl sonst als
auch jetzt noch übliche System an, nach welchem die gesammte
Litteratur in die fünf Fächer: Théologie, Jurisprudence, Sciences et Arts, Belles-Lettres, Histoire, eingetheilt wird. R. Merlin
hat an diesem Plane wesentliche Aenderungen vorgenommen,
nicht nur in der spezielleren Gliederung des ganzen Systemes,
sondern auch in der Haupteintheilung, welche sich in folgender
Weise gestaltet hat: Théologie, Sciences et Arts, Belles-Lettres,
Beaux-Arts, Histoire littéraire, Sciences sociales et politiques,
Sciences historiques, Polygraphie. Merlin's Nachfolger J. B. J.
Champagnac ist von der Neuerung seines Vorgängers wieder
abgewichen und zu dem einfacheren Modus des früheren Systemes
zurückgekehrt, wogegen Champagnac's Nachfolger A. Rabuteaux
ein neues System aufgestellt, und darin seine eigenen Ideen
über bibliographische Systematik mit der von der Pariser
Buchhändlerwelt allgemein angenommenen Classifikation der Litteratur zu vereinigen und diese mit Rücksicht auf Beuchot, Brunet,
Merlin und das allgemeine Repertorium der Litteratur zu verbessern gesucht hat. Von dem Anschlusse an philosophische und
verwandte Systeme hat Rabuteaux durchaus absehen zu müssen
geglaubt; er sagt „Une distribution systématique des livres,
conçue d'après des vues encyclopédiques, et conforme à un prétendu enchaînement naturel des connaissances humaines, nous
paraît à vrai dire, une chimère irréalisable." Die Grundzüge
seines Systemes sind: I. Théologie — II. Jurisprudence —
III. Sciences et Arts. Sciences philosophiques: A. Philosophie,
B. Pédagogie, C. Politique, D. Economie politique; Sciences
physiques en général: E. Traités généraux et Mélanges, F. Sciences mathématiques, G. Sciences physiques et chimiques, H. Sciences naturelles, I. Agriculture, J. Sciences médicales, K. Marine,
Guerre, Génie; Appendice aux Sciences: L. Sciences occultes,
M. Arts utiles, Manufactures, Métiers, N. Exercices gymnastiques et Jeux; Beaux-Arts: O. Traités généraux, Histoire, P.
Arts du dessin. Q. Musique — IV. Belles-Lettres — V. Sciences historiques. Introduction à l'Histoire: A. Géographie, B.
Voyages; Histoire: C—F; Appendice à l'Histoire: G. Supplément à l'Histoire politique et civile, H. Histoire des Lettres,
des Arts et des Sciences, I. Biographie — VI. Polygraphie.
Einige Aehnlichkeit mit diesem Systeme hat das von Jules
Dagneau und A. Flamand in der Zeitschrift „Le Moniteur de

la Librairie Courrier de l'Amateur de Livres. Paris, Barrois. 1842—45. 8°." befolgte, nach welchem die Litteratur in folgender Weise classificirt ist: 1. Premières Connaissances (Lecture, Ecriture, Grammaire, Linguistique, Livres classiques et d'éducation); 2. Sciences sacrées; 3. Sciences mathématiques et physiques (Mathématique, Physique, Chimie, Histoire naturelle, Agriculture, Economie rurale, Médecine, Technologie); 4. Sciences morales et politiques (Philosophie et Morale, Législation, Droit public et Jurisprudence, Economie politique, Administration, Politique); 5. Beaux-Arts; 6. Littérature; 7. Sciences historiques; 8. Polygraphie.

1814. *Erstes System von Horne.* — A Bibliographical System, exhibiting the order to be pursued in arranging the faculties and divisions of a Catalogue. Enthalten in Thómas Hartwell Horne's Introduction to the Study of Bibliography. Vol. I. London, Cadell and Davies. 1814. gr. 8°. S. 373—402.

An der Spitze der gesammten Litteratur steht nach dem Verf. als eine Art Einleitung die Bibliographie. Darauf folgt die Litteratur in folgenden vier Klassen mit verschiedenen Ober- und Unterabtheilungen: I. Theology: 1. Natural Religion; 2. Revealed Religion; 3. Pagan Theology — II. Philosophy: 1. History of Philosophy and Philosophers; 2. Works of antient and modern Philosophers; 3. Logic; 4. Metaphysics; 5. Ethics (worunter mit die Jurisprudence); 6. Sciences (worunter die gesammten Naturwissenschaften, die Medicin und Mathematik); 7. Arts — III. History: 1. Introduction to the Study and Use of History; 2. Universal History; 3. Particular History; 4. Biographical History; 5. Monumental History; 6. Antiquities, Numismatics — IV. Literature; Courses of Study, and Introductions to the Study of Literature; 1. Grammar; 2. Rhetoric; 3. Poetry; 4. Literary Miscellanies.

1816. *System von Bentham.* — Essai sur la nomenclature et la classification des principales branches d'Art et Science; Ouvrage extrait du Chrestomathia de Jérémie Bentham, par George Bentham. Enthalten in: Oeuvres de Jérémie Bentham Jurisconsulte Anglais. Tom. III. Troisième Édition. Bruxelles, Société Belge de Librairie. 1840. Lex. 8°. S. 305—46. (Auch besonders abgedruckt: Paris 1823. 8. Pr. 5 Fr.)

Der Verf. hat folgende Sätze an die Spitze seines Systemes gestellt: „Le bien-être est directement ou indirectement, sous une forme ou sous une autre, le sujet de toute pensée et l'objet de toute action de la part de tout être connu, sensitif ou pensant; il en est constamment ainsi, et l'on ne peut donner de motif raisonnable pour qu'il en soit autrement. Ce principe admis, on peut dire que l'Eudémonique, dans quelqu'une des divisions dont elle est susceptible, ou dans toutes ses divisions, est l'objet de toute branche d'art et le sujet de toute branche de science. L'Eudémonique est donc l'art de contribuer en quelque sorte à l'acquisition du bien-être, et c'est la science qui fait voir comment il faut agir pour exercer cet art avec effet. Si l'on compare les arts et les sciences à un édifice, l'Eudémonique en sera la salle commune ou point commun de réunion. Changez la figure, et chaque art, avec sa science correspondante, sera une branche de l'arbre de l'Eudémonique" — und ferner: „L'Eudémonique est l'art du bien-être; l'être est nécessaire au bien-être. L'Ontologie, comme science, marche donc de pair avec l'Eudémonique comme art. L'art et la science se correspondant toujours dans toutes leurs ramifications, nous ne prendrons que la science pour sujet de nos divisions, et chaque opération que nous ferons sur elle pourra également s'appliquer à l'autre." Dergleichen Abtheilungen (divisions) sind nun nicht weniger als 57, welche der Verf. sämmtlich aus der an die Spitze gestellten „Ontologie," welche sich in „Ontologie coénoscopique ou Coénontologie" und „Ontologie idioscopique ou Idiontologie" abzweigt, entwickelt hat, und zwar in folgender Weise: 1. Ontologie, 2. Idiontologie, 3. Somatologie, 4. Posologie, 5. Arithmologie, 6. Poiosomatologie, 7. Physiurgie, 8. Epicosmologie, 9. Anorganologie, 10. Coénanorganologie, 11. Cosmologie, 12. Paronocosmologie coénoscopique, 13. Paronocosmologie idioscopique, 14. Embiologie, 15. Zoologie, 16. Phytologie, 17. Coénozoologie, 18. Paronozoologie mérizoscopique, 19. Paronozoologie amérizoscopique, 20. Anthropologie, 21. Organologie humaine, 22. Anthropographie, 23. Alogozoologie, 24. Zoorganologie, 25. Zoorganographie, 26. Coénophytologie, 27. Paronophytologie, 28. Phytorganologie, 29. Anthropurgie (holodynamique ou Dynamique & stoéchiodynamique ou Chimie), 30. Dynamique abarysomatique, 31. Dynamique barysomatique, 32. Chimie inorganique, 33. Chimie organique, 34. Anthropurgie (anapirique ou Anapirologie & catastatique ou Technologie), 35. Pneumatologie, 36. Noologie, 37. Parononoologie, 38. Coénonésiologie, 39. Grammaire, 40. Orthologie, 41. Coénorthologie épopoioscopique, 42. Coénorthologie anépopoioscopique, 43. Idiorthologie, 44. Orthographie, 45. Anoopneumatologie, 46. Pathoscopie, 47. Hédonopathoscopie, 48. Éthique, 49. Déontologie, 50. Morale, 51. Politique (endoscopique ou intérieure & exoscopique ou extérieure), 52. Politique (nomothéticoscopique ou Législation), 53. Politique (aneunomothéticoscopique ou Administration), 54. Jurisprudence, 55. Éthique exégétique, 56. Histoire éthique, 57. Éthique paronexégétique. — Was übrigens die „Chrestomathia" anlangt, woraus die vorstehende Classification entnommen, so ist dieselbe 1816—17 in 2 Bden in 8°. erschienen. Die Englische Ausgabe der B.'schen Werke Edinburg 1838—43. 8°.

1816. *System von Hasse.* — Encyklopädische Tafeln und Realregister zur Uebersicht und Verbindung der in der Handbibliothek des Wissenswürdigsten enthaltenen Artikel. Als Anhang zur deutschen Taschen-Encyklopädie, in 4 Theilen. (Leipzig u. Altenburg, Brockhaus. 1816—20. gr. 12°. 45 S.

Herausgegeben von Fr. Chr. A. Hasse.

Der Verf. hat versuchsweise theils eine Uebersicht des menschlichen Wissens, welche den Organismus der Wissenschaft nach ihrem Gegenstande „Mensch und Welt" sowohl in theoretischer als in praktischer Hinsicht zeigen soll, theils eine Uebersicht des wissenschaftlichen Studiums nach den Hauptfächern desselben gegeben. In der ersteren Uebersicht zerfallen die gesammten Wissenschaften I. in die anthropologischen (A. an sich, reine Anthropologie; B. in Beziehung auf das sinnlich-geistige Leben des Individuums, angewandte Anthropologie) und II. in die kosmologischen (A. an sich, a. Sinnenwelt, b. geistige Welt; B. in Beziehung auf das Leben des menschlichen Geschlechtes, a. den wirklichen Zustand, b. den Zustand wie er werden kann). In der zweiten Uebersicht sind I. allgemeine Studienfächer: A. Philologisches (Sprache und Litteratur), B. Historisches (Welt-, Natur-, Erdkunde und Geschichte), C. Philosophisches (psychische Anthropologie und Philosophie), D. Mathematisches (Mathesis und Naturwissenschaft) und II. besondere oder abgeleitete Studienfächer aufgestellt, welche letztere in A. die propädeutisch-litterarischen, B. die kosmographischen, C. die artistischen und polytechnischen, D. die anthropologischen sich scheiden. — Einige Aehnlichkeit mit dem Hasse'schen Systeme hat das allerdings auch wieder in einigen Stücken von demselben verschiedene von K. Fr. Heusinger, welches sich im II. Theile der „Deutschen Taschen-Encyklopädie" S. 56—69 unter der Rubrik „Encyklopädie der Wissenschaften" auseinandergesetzt findet. Nach Heusinger sind die Wissenschaften in I. Anthropologische: 1. Philosophie, 2. Geschichte, 3. Geographie, 4. Staatswissenschaft (a. Theologie, b. Jurisprudenz, c. Finanz- und Cameralwissenschaft, d. Polizeiwissenschaft, e. Politik, f. Kriegswesen) und II. Ontologische: 1. Mathematik, 2. Physik oder Naturlehre, 3. Naturgeschichte oder Naturbeschreibung, 4. Technologie abzutheilen.

1819. *System vom Marquis Fortia d'Urban.* — Nouveau Sistême de Bibliographie alfabétique, Seconde Édition, précédée par des Considérations sur l'Ortographe Française; divisée en trois Parties, ornée d'un Portrait de Toth ou Hermès. Paris, Treuttel et Wurtz.

1822. gr. 12°. 2 Bll. 68, 82, XXVI, 335 S. mit 1 Taf. Pr. n. 1 Thlr. 20 Ngr.

Verfasser ist der Marquis Agricole Jos. Franç. Xav. Pierre Esprit Sim. Paul Ant. de Fortia d'Urban.

Der Verf., welcher zwischen bibliographischem und encyklopädischem Systeme unterscheidet, schreibt in Bezug auf das erstere: „Pour désigner tous les ouvrages qui existent et que je viens de classer, je ferai usage de la méthode suivante, qui m'a paru extrêmement simple et commode. Je ferai d'abord une division générale en vingt-cinq classes, dont chacune sera désignée par une lettre de l'alphabet, ainsi qu'il suit. Je me servirai, pour cet effet, des cinq classes que je viens de distinguer en préférant, pour les subdivisions, la méthode analitique qui considère les parties successivement, pour arriver ensuite à la connaissance du tout, mais en donnant d'abord les titres et l'analise des livres qui ont traité de chaque science dans toutes ses parties. C'est par cette raison que je place en tête les Enciclopédies, qui, renfermant à elles seules toutes les sciences humaines, forment évidemment la première de toutes les classes. [A.] Quant aux cinq classes suivantes, je me contenterai d'en donner ici la division générale. 1. L'homme cherche d'abord à exercer son esprit pour communiquer ses idées à ses semblables, dans la première classe des Belles-Lettres. [B. Grammaire, Rhétorique; C. Poëtique; D. Philologie, Poligraphie.] 2. Il s'élève ensuite à la création des sciences, en étudiant d'abord la matière, et employant ensuite son intelligence à utiliser la matière pour satisfaire les besoins que la nature lui a donnés; ce qui forme la seconde classe des Sciences et des Arts. [E. Philosophie; F. Mathématiques; G. Phisique; H. Histoire naturelle; I. Médecine; J. Arts et Métiers.] 3. La science dont l'objet est le plus élevé, est celle de la religion, ou la Théologie. C'est la troisième classe. [K. Écriture sainte; L. Conciles; M. Liturgies; N. Saint Pères; O. Théologiens.] 4. La science la plus usuelle dans l'administration intérieure des états, mérite un examen particulier, et compose la quatrième classe. C'est la Jurisprudence. [P. Droit canonique; Q. Droit civil.] 5. Pour approfondir toutes ces sciences, et mieux en connaître la marche et l'utilité, il faut en faire l'application à l'étude des faits, en s'occupant de la cinquième classe, qui est l'Histoire. [R. Prolégomènes historiques; S. Géographie; T. Chronologie; U. Histoire ecclésiastique; V. Histoire profane des monarchies anciennes; X. Histoire moderne de l'Europe; Y. Histoire moderne hors d'Europe; Z. Paralipomènes historiques, Antiquités, Histoire littéraire, Extraits historiques.] Cette marche m'a paru la plus naturelle, comme allant du simple au composé." Trotz des Unterschiedes aber, der zwischen dem bibliographischen und encyklopädischen Systeme statt hat, glaubt doch der Verf. einen Weg gefunden zu haben, um beide mit einander in Einklag zu bringen. Nachdem er folgende Betrachtung angestellt hat: „L'homme cherche à connaître 1. par son intelligence l'Esprit, 2. par ses sens la Matière. L'intelligence de l'homme s'exerce sur elle-même et les objets qui l'entourent; elle s'élève ensuite jusqu'à Dieu et aux êtres intermédiaires entre Dieu et lui, que ses sens ne peuvent apercevoir. L'intelligence de l'homme renfermé en lui-même, est employée dans ses rapports avec ses semblables, isolément et abstractivement dans l'examen de ses propres facultés. Pour se donner des rapports avec ses semblables, il faut leur communiquer ses idées, chercher les règles de sa conduite avec eux. Pour communiquer ses idées, l'homme les exprime; et pour convaincre, il les lie avec méthode.", glaubt er auf Grund dieser Betrachtung die gesammten menschlichen Kenntnisse oder Wissenschaften in nachstehender Weise encyklopädisch gruppiren zu können. Obenan stehen als eine Art Einleitung die: Enciclopédies [A.] Hieran schliessen sich dann: Classe des Belles-Lettres. [B—D.] 1) Grammaire; 2) Rhétorique; 3) Poétique; 4) Philologie; 5) Poligraphie — Classe des Sciences et des Arts. I. Partie. [E.] 6) Logique; 7) Morale; 8) Economie; 9) Politique; 10) Philosophie — Classe de la Théologie. [K—O.] 11) Théologie—Classe de la Jurisprudence [P—Q.] 12) Jurisprudence — Classe des Sciences et des Arts. II. Partie. [F—J.] 13) Arithmétique; 14) Algèbre; 15) Géométrie; 16) Mécanique; 17) Astronomie; 18) Optique; 19) Acoustique; 20) Pneumatologie; 21) Phisique; 22) Chimie; 23) Alchimie; 24) Géographie; 25) Géologie; 26) Chronologie; 27) Météorologie; 28) Minéralogie; 29) Phitologie; 30) Zoologie; 31) Anthropologie; 32) Médecine; 33) Technologie; 34) Beaux-Arts — Classe de l'Histoire. [R—Z.] 35) Histoire. — Die I. Ausgabe des Buches ist 1819 erschienen.

1819. *System von Gruber.* — Ueber encyclopädisches Stubium ein Bedürfniß unserer Zeit nebst dem Versuch einer systematischen Encyclopädie der Wissenschaften aus jenem Gesichtspunkt von J. G. Gruber. Als Einleitung zur allgemeinen Encyclopädie der Wissenschaften und Künste. [I. Section. Th. 2. Leipzig, Glebitsch. 1819.] 4°. LII S.

Die Gegenstände der menschlichen Wissenschaften sind: Erkenntniss der Natur, Erkenntniss des Menschen, Erkenntniss der Verhältnisse beider zu einander, Erkenntniss der Bestimmung und des Endzwecks des Menschenlebens, Erkenntniss der zweckmässigsten individuellen und gesellschaftlichen Einrichtung des Menschenlebens, Erkenntniss der Ursache der Natur und des Menschen. Demzufolge zerfallen die gesammten Wissenschaften in I. Naturwissenschaften, II. Anthropologische, III. Transscendente Wissenschaften. Zu der I. Klasse gehören die eigentliche Naturwissenschaft, die Mathematik und die mathematisch-physikalischen Wissenschaften; zur II. die eigentliche Anthropologie (medicinische, psychologische, pragmatische, philosophische), die Historischen und die Politischen Wissenschaften (Staatsverfassungslehre, Staatsverwaltungslehre, Bildungs-Politik oder Staatserziehungswissenschaft, welcher sich die Pädagogik und die positive Theologie anreihen); zur III. die Metaphysik.

1819. *System von Rüdiger.* — Uebersicht der wissenschaftlichen Erkenntniss. Entworfen von C. A. Rüdiger. Freyberg, gedr. bey Gerlach. 1819. Patentform. 1 B. Pr. 2 Gr.

Nach den beiden Fragen: I. Wie die Kräfte des menschlichen Geistes geweckt werden, und II. Welche Gegenstände das Wissen des Menschen umfasse, zerfallen die gesammten Wissenschaften in I. formale und II. materiale. Zu den formalen Wissenschaften gehören: 1) die Wissenschaft der Sprache (Philologie) und 2) die Wissenschaft des Zählens und Messens (reine Mathematik). Die materialen Wissenschaften betrachten A. die Natur nach ihren Erscheinungen und Gesetzen und B. den Menschen nach seiner Natur, Verhältnissen und Bestimmung. Die Naturbetrachtung (Naturwissenschaften) führt zur Kenntniss: 1) der Naturerscheinungen (Naturbeschreibung) und 2) der Naturgesetze (Naturlehre). Der Mensch wird betrachtet: 1) nach seiner Natur, welche a) aus Körper und Seele (Physiologie und Psychologie, zusammen Anthropologie) besteht, b) theils aa) durch weise Benutzung der gewonnenen (Oekonomie im weiteren Sinne), verarbeiteten (Technologie) und durch Umtausch verbreiteten (Handlungswissenschaften) Naturprodukte (Diätetik), theils bb) durch Uebungsmittel (Gymnastik) erhalten wird; 2) nach seinen Verhältnissen, insofern a) der Mensch Glied einer Gesellschaft und Bürger eines Staates (Rechts- und Staatswissenschaften), sowie der Vertheidiger des Staates (Kriegswissenschaften) ist, b) die Verhältnisse sich irgendwo (politische Geographie) und irgendwann (Geschichte mit Hilfswissenschaften) gestaltet haben; 3) nach seiner Bestimmung, nämlich a) intellectueller Bildung, deren Endzweck die Philosophie ist, und b) religiöser Bildung, welche die christliche Theologie zum Ziele hat. Beide Bildungsarten werden durch Unterricht (Didaktik, Pädagogik) vorbereitet.

1819. *System von Schrettinger.* — Versuch eines vollständigen Lehrbuchs der Bibliothek-Wissenschaft oder Anleitung zur vollkommenen Geschäftsführung eines Bibliothekars in wissenschaftlicher Form abgefasst von Martin Schrettinger. Bd. II. München, Lindauer. 1829. 8°. Enthält in der Beilage A. den wissenschaftlichen Eintheilungsplan der Schloss-Bibliothek zu Eglofsheim bei Regensburg, entworfen und ausgeführt vom Verfasser im Jahre 1819. 1 Bl.

Da der Verf. in seinem Lehrbuche kein allgemeines bibliographisches System, weder aus eigenen, noch aus fremden Mitteln, aufgestellt, sondern sich damit begnügt hat, diesen Eintheilungsplan seinem Lehrbuche anzuhängen, so muss derselbe wohl als derjenige gelten, welchen der Verf. als für den Gebrauch des Lehrbuchs mehr oder minder massgebend angesehen wissen will. Nach diesem Plane zerfällt die gesammte Litteratur, unter spezieller Rücksichtnahme auf Bayern, in folgende 18 Klassen: I. Universal-Encyclopädien und vermischte Werke, deren Inhalt in mehre Hauptwissenschaften einschlägt; II. Sprachenkunde; III. Griechische und Lateinische Klassiker mit ihren Uebersetzungen, nebst den neuern Werken der schönen Litteratur in Lateinischer Sprache; IV. Schöne Litteratur in lebenden Sprachen; V. Philosophie A: Spekulative und praktische Philosophie, Pädagogik, Staatswissenschaften und Natur- und Völkerrecht; VI. Philosophie B: Mathematik, Gewerbekunde, Baukunst, Merkantil-Wissenschaft und Kriegswissenschaft; VII. Philosophie C: Physik, Medizin, Naturgeschichte und schöne Künste; VIII. Haus-, Land- und Forst-Oekonomie nebst Vieh-Arzneikunde; IX. Länder- und Völkerkunde (Geographie, Statistik, Topographie, Reisen, Landkarten und Prospekte); X. Uebrige Hilfswissenschaften der Geschichte (Genealogie, Heraldik, Chronologie und Numismatik); XI. Universal-Geschichte und vermischte Beiträge dazu; XII. Allgemeine und vermischte Europäische, alt-Römische und Griechische, Byzantinische, Türkische, Russische und ausser-Europäische Geschichte; XIII. Geschichte einzelner Europäischer Staaten; XIV. Allgemeine und besondere Geschichte von Deutschland; XV. Bayerische Geschichte; XVI. Bayerische Jurisprudenz, Politik, Medizinalwesen etc.; XVII. Jurisprudenz im Allgemeinen, nebst dem Jure Canonico; XVIII. Theologie nebst Kirchengeschichte. Hinsichtlich der weiteren Zerlegung der einzelnen Klassen in Ober- und Unterabtheilungen will der Verf., wie er im Lehrbuche Bd. I. Hft. 3 ausführlicher auseinander gesetzt hat, überall die Begriffe der 1) Allheit, 2) Vielheit, 3) Einheit berücksichtigt wissen.

1825. * *Zweites System von Horne.* — A Catalogue of the Library of Queen's College, Cambridge, methodically arranged by Thomas Hartwell Horne. Cambridge. 1827. gr. 8°. 2 Vols. Pr. 2 Pf. 2 s. Nur 6 Exempl. auf Schrbpap. à c. 7 Pf.

Der Verf., der auch „Outlines for the Classification of a Library; respectfully submitted to the consideration of the Trustees of the British Museum. London 1825. 4°." (Nur 100 Exempl. gedruckt u. nicht im Handel. Antiq. Pr. c. 8 Thlr.) veröffentlicht, und darin wahrscheinlich das nämliche Ordnungsprinzip wie im Cambridger Bibliothekskataloge befolgt, hat folgende Klassen aufgestellt: Religion: Introduction; Natural Religion; Revealed Religion; Historical Divinity, or, the History of Religions — Jurisprudence — Philosophy: Introduction; Intellectual Philosophy; Moral and Political Philosophy; Natural Philosophy; Mathematical Philosophy — Arts and Trades: History of Arts; The Liberal Arts; The Economical Arts, Trades, and Manufactures — History: Historical Prolegomena; Universal History; Particular History; Biographical and Monumental History; Historical Extracts and Miscellanies — Literature: History of Literature and Bibliography; Polite Literature.

1826. * *System von Reuss.* — Ordo Bibliothecae Universitatis Caesareae Mosquensis, conditus a Ferdinando Friderico Reuss. Mosquae, typis Univ. Caes. 1826. 4°. (In Lateinischer und Russischer Sprache.)

Die Grundzüge dieses Systemes sind nach des Verf.'s eigenen Worten folgende: „Libri tractant A. vel Doctrinas et Artes Omnes seu Plures [1. Libri pantologici et polilogici], B. vel Doctrinas et Artes Singulas: a. Doctrinas: α. Divinam [2. Libri theologici], β. Humanas: I. Fundamentales: 1. Historiam et explorationem mentis humanae, 2. Logicam [3. Libri fundamentales]; II. Doctrinales: 1. De rebus occultis: 1) E sensu et intellectu [Libri philosophici], 2) E sensu et traditione [Libri mystici]; 2. De rebus manifestis: 1) Universis seu pluribus [4. Itinera], 2) Singulis: (1) corporeis [Libri physiognostici, mathematici, physici], (2) psychicis: a) Historiae generis humani, populorum, stirpium, hominum singulorum, rerum humanarum singularum [5. Libri historici], b) Historiae legum [6. Libri juridici]; b. Artes: α. Corporeas: I. Ad corpus humanum spectantes: 1. Sanum [7. Libri diaetetici, gymnastici], 2. Aegrotum [Libri medici]; II. Ad corpora reliqua [8. Libri oeconomici, technologici], β. Psychicas: I. Veriores [9. Libri philologici, grammatici], II. Elegantiores [Libri rhetorici, poetici, de artibus musicis et plasticis], III. Meliores [10. Libri paedagogici et politici].

1827. *System von Mortillaro.* — Studio bibliografico di Vincenzo Mortillaro II. edizione. Palermo, Solli. 1832. 8°. 120 S.

In diesem zuerst Palermo 1827. 8° erschienenen und später auch in der Gesammtausgabe der M.'schen Werke (Opere Vol. I. Palermo 1843. 4°.) abgedruckten Schriftchen ist folgendes System aufgestellt: I. Scienze: 1. Divine (Teologia); 2. Umane

(Filosofia; Matematiche; Storia naturale; Medicina; Giurisprudenza; Economia politica) — II. Lettere (Filologia; Prolegomeni storici; Storia) — III. Arti: 1. Mecaniche (Arte di nutrirsi, vestirsi, alloggiarsi, armarsi, abbellarsi); 2. Liberali (Poesia; Musica; Disegno; Pittura; Scultura; Incisione).

1834. *System von Ampère.* — Essai sur la Philosophie des Sciences, ou Exposition analytique d'une Classification naturelle de toutes les Connaissances humaines; par André Marie Ampère. Paris, Bachelier. 1834. 8°. LXX, 272 S. mit 2 Taf. Antiq. Pr. c. 1 Thlr.

Der Verf. hat die Resultate seiner sehr weitläufigen Betrachtungen, wovon jedoch nur die erste Hälfte gedruckt im Buche vorliegt, am Schlusse desselben in „Tableaux synoptiques des Sciences et des Arts" zusammengestellt; seinem Systeme zufolge zerfallen die gesammten Wissenschaften in zwei grössere Reiche (Règnes) à 2 Sous-Règnes, à 2 Embranchemens, à 2 Sous-Embranchemens, à 2 Sciences du premier ordre, à 2 Sciences du second ordre, à 2 Sciences du troisième ordre, also zusammen in 128 Abtheilungen letzter Ordnung. Die beiden grösseren Reiche mit ihren drei zunächst folgenden Abtheilungen sind: Premier Règne, Sciences cosmologiques; A. Cosmologiques proprement dites, I. Mathématiques, a. 'Mathématiques proprement dites, b. Physico-mathématiques; II. Physiques, c. Physiques proprement dites, d. Géologiques; B. Physiologiques, III. Naturelles, e. Phytologiques, f. Zoologiques proprement dites; IV. Médicales, g. Physico-médicales, h. Médicales proprement dites — Second Règne, Sciences noologiques: C. Noologiques proprement dites, V. Philosophiques, i. Philosophiques proprement dites, k. Morales; VI. Dialegmatiques, l. Dialegmatiques proprement dites, m. Eleuthérotechniques; D. Sociales, VII. Ethnologiques, n. Ethnologiques proprement dites, o. Historiques; VIII. Politiques, p. Ethnorytiques, q. Ethnégétiques. — Eine zweite Paris 1838. 8°. erschienene Ausgabe enthält ebenfalls nur die erste Hälfte der Ampère'schen Arbeit: die andere Hälfte soll zwar damals schon gedruckt, aber nicht veröffentlicht worden sein, und ist erst Paris 1843. 8° (18 B. mit 1 Tab. Pr. 5 Fr., compl. 11 Fr.) in den Handel gekommen.

1834. *Erstes System von Namur.* — Manuel du Bibliothécaire, accompagné de notes critiques, historiques et littéraires. Par P. Namur. Bruxelles, Tircher. 1834. 8°. IV, 368 S. Pr. 1 Thlr. 20 Ngr.

Unter ausdrücklicher Zurückweisung der von den meisten Französischen Bibliographen befolgten Eintheilung der Litteratur in die bekannten fünf Fächer, hat sich der Verf., theils mit Rücksicht auf die Bedürfnisse der Bibliotheken, theils in

Ansehung der Natur der Wissenschaften überhaupt, eine neuere bibliographische Ordnung geschaffen, welche er für „le plus analogue tant aux instructions que l'on vient puiser dans les bibliothèques, qu'à la suite des connaissances dont l'homme est susceptible" hält. Er hat dieses neue System in folgender Weise motivirt: „On est assez porté à convenir que le meilleur ordre à suivre est celui des connaissances humaines; que les livres doivent être rangés comme ils doivent être lus; et qu'on doit les lire de manière à se pénétrer d'abord des élémens, pour avancer de là aux divers degrés de perfection. Il nous semble qu'un des premiers besoins d'un homme qui veut feuilleter les livres et faire usage d'une bibliothèque est de connaître les livres; de savoir lesquels appartiennent à la matière qu'il se propose d'étudier; l'utilité qu'il peut en tirer, et les différences des éditions placées à sa portée. Mais, avant d'étudier la bibliographie, il est bon d'avoir une idée de l'histoire de l'objet dont ils parlent, et des auteurs qui les ont composés. C'est le seul moyen de saisir parfaitement l'esprit de chaque écrivain, de tirer un meilleur parti de ses lectures, et de bien apprécier les livres. Comme il est nécessaire d'avoir des signes pour exprimer ses idées et pour comprendre celles des autres, les livres destinés à l'étude des langues trouveront donc bien leur place après la bibliographie. Quant on a acquis la faculté de rendre ses propres conceptions et de comprendre les personnes parmi lesquelles l'on vit, on passe à l'art de les arranger, à la science qui dirige l'entendement, à la logique, puis à la morale qui forme le coeur, etc. De là nous arrivons à la jurisprudence qui a une très grande affinité avec la morale, qu'il serait très possible de les réunir ensemble, si toutefois, la jurisprudence n'embrassait pas une trop grande multitude d'objets. Après la jurisprudence paraissent les bibles, la philologie sacrée, les liturgies, les conciles, les SS. Pères. La réligion ayant reçu diverses modifications produites par différentes causes, a produit une foule d'opinions et de systèmes réligieux. C'est donc ici que seront placés les théologiens, les opinions singulières; la réligion des Hébreux, la réligion des Gentils, etc. C'est donc ici que la théologie doit trouver naturellement sa place; qu'elle doit être transplantée toute entière. On se livre ensuite aux sciences, d'abord à celles qui sont le fruit de la seule méditation; ensuite à celles qui sont le produit de longues recherches au dehors, et de travaux pénibles. Après les sciences, les arts appellent notre attention. De là on arrive aux grands rassemblements des faits, à l'histoire universelle ancienne et moderne. De cette manière nous avons parcouru le cercle entier des objets qui servent d'aliment aux travaux d'un homme studieux. Ainsi l'ordre des principales divisions à adopter pour une grande bibliothèque sera le suivant: A. Histoire littéraire; B. Bibliographie; C. Philologie; D. Philosophie; E. Jurisprudence; F. Théologie; G. Sciences Mathématiques, Physique, Chimie et Histoire naturelle; H. Arts et métiers; I. Médecine; K. Histoire."

1835. *System von Friedrich.* — Kritische Erörterungen zum übereinstimmenden Ordnen und Verzeichnen öffentlicher Bibliotheken. Von Joh. Cph. Friedrich. Leipzig, Dyk. 1835. 8°. Handelt S. 11—84: Vom Bibliothekssysteme.

Das System Friedrich's, welcher dem coordinirten Wissenschaftsysteme den Vorzug giebt, ist zwar von Grund aus nur eine Modifikation des Schütz-Hufeland-Ersch'schen, weicht aber von demselben in mehreren Fächern bedeutend ab. Friedrich hat folgende 16 Fächer aufgestellt: I. Generalia; II. Philosophie; III. Unterricht; IV. Philologie; V. Theologie; VI. Jurisprudenz; VII. Medicin; VIII. Geographie; IX. Geschichte; X. Kirchengeschichte; XI. Staatswissenschaft; XII. Mathematische Wissenschaften; XIII. Naturkunde; XIV. Kriegswissenschaften; XV. Gewerbskunde; XVI. Künste.

1835. *System von Thienemann.* — Verzeichniß eines ansehnlichen Theils der Bibliothek des verstorbenen Superintendenten D. T. G. Thienemann zu Rochlitz enthaltend viele, zum Theil sehr seltene, Bücher aus allen Wissenschaften nebst einem Nachtrage. Nebst einem Entwurfe des Verstorbenen zu einer wissenschaftlichen Anordnung aller Bibliotheken. Leipzig, gebr. bei Vogel. (1835) 8°. XVI. 103 S. (Auct. 30. Mai 1836.)
Herausgegeben von dem Sohne des Besitzers, W. F. Thienemann.

Die Verfasser der mancherlei Schriften, die wir besitzen, haben, wie Th. sich denkt, von dem Gegenstande, welchen sie behandelt, entweder nur **gemeint**, oder ihn **geglaubt**, oder, dass er sei, **gewusst**, je nachdem die Gründe beschaffen waren, welche sie hatten, denselben anzunehmen und sich über ihn zu verbreiten. Demgemäss würden sämmtliche Schriften in Schriften des menschlichen **Meinens**, **Glaubens** und **Wissens** zerfallen. Da es jedoch schwerlich Jemandem beikommen werde, ein Buch zu schreiben, in welchem er nur **meint** und von welchem er selbst gesteht, dass darin blos und allein subjektive Gründe für die Annahme gewisser Sätze enthalten seien, so bleiben lediglich Schriften des menschlichen **Glaubens** und **Wissens** übrig, denen als eine Art Einleitung die **Geschichte der Entstehung der Schriften** oder die Geschichte der Litteratur, und weil Sprachen vorhanden sein müssen, ehe Schriften entstehen können, **Schriften zur Erlernung der Sprachen** vorausgehen. Hieraus ergiebt sich folgendes System: I. Sprachen, als Mittel, den Inhalt der Schriften kennen zu lernen — II. Geschichte der Entstehung der Schriften — III. Schriften zur Geschichte des menschlichen Glaubens: א) Schriften zur Geschichte des religiösen Glaubens; ב) Schriften zur weltlichen Geschichte; ג) Schriften zur Geschichte der Gelehrsamkeit; ד) Schriften zur Geschichte der Gelehrten — IV. Schriften zur Geschichte des menschlichen Wissens: א) Allgemeine Schriften; ב) Besondere Schriften: A) Schriften zur Philosophie überhaupt, B) Schriften über einzelne Theile der Philosophie (1) Logik, 2) Metaphysik der Natur, mit Arzneikunde, Wirthschaftskunde, Cameralwissenschaften, Psychologie, 3) Metaphysik der Sitten: α) Rechtslehre, β) Tugendlehre mit Religionslehre), C) Geschichte der Philosophie, D) Geschichte der Philosophen; ג) Schriften zur Mathematik: A) Ueberhaupt, B) Besonders (1) Reine Mathematik, 2) Angewandte), C) Geschichte der Mathematik, D) Geschichte der Mathematiker; ד) Schriften zu den schönen Künsten: A) im Allgemeinen, B) im Besondern (1) Redende, 2) Bildende, 3) Schönes Spiel der Empfindungen, 4) Geschichte der schönen Künste und der Künstler). — Ausführlich abgedruckt findet sich der Th.'sche Entwurf im Serapeum Jahrg. VIII. 1847. Intelligenzbl. Nr. 20. S. 155—58 u. Nr. 21. S. 161—66.

1837. *System von Aimé-Martin.* — Plan d'une Bibliothèque universelle; Etudes des Livres qui peuvent servir à l'Histoire littéraire et philosophique du genre humain; suivi du Catalogue des Chefs-d'Oeuvre de toutes les langues. Par L. Aimé-Martin. Bruxelles, Société Belge de Librairie, etc. 1837. gr. 12°. 2 Bll. 482 S. Pr. 25 Ngr.

Der Verf. hat für die Zwecke seines Werkes von jedem encyklopädischen Systeme absehen zu dürfen geglaubt, und ein, wie er es nennt, rein bibliographisches System gewählt, welches sich, hinsichtlich der Hauptabtheilungen, auf folgende beschränkt: Théologie, Jurisprudence, Philosophie, Sciences naturelles, Belles-Lettres, Histoire, Géographie et Voyages.

1838. *System des Kayser'schen Deutschen Bücherlexikons.* — Sachregister zum Kayser'schen Bücher-Lexicon. [Verfaßt von Alexander Büdener.] Leipzig, Schumann. 1838. 4°. VIII, 512 S. nebst 16 S. Erläuterungen vom J. 1841. Pr. n. 4 Thlr. 8 Gr. Ist im Preise herabgesetzt.

Die vom Verleger Ludwig Schumann in Verbindung mit einem seiner Freunde festgestellten wissenschaftlichen Rubriken sind folgende: Allgemeine Wissenschaftskunde mit Inbegriff des Universitäten- und Gelehrtenwesens mit 2 Hauptabtheilungen; Sprachwissenschaft mit 5; Mathematik mit 6; Philosophie mit 4; Schöne Künste und Wissenschaften mit 4; Geographie und Statistik mit 6; Geschichte mit 8; Pädagogik; Theologie mit 4; Rechtswissenschaft mit 6; Staatswissenschaften; Medicin mit 3;

Naturkunde mit 3; Gewerbkunde mit 4; Vermischte Schriften und Schriften unbestimmten Inhalts.

1838. *System von Levot.* — Catalogue général des Livres composant les Bibliothèques du Département do la Marine et des Colonies. Tom. I—V. Paris, impr. Royale. 1838—43. gr. 8°. 3 Bll. XXIV, 468 S.; 3 Bll. XXVIII, 568 S.; XIV, 594 S.; 3 Bll. XVIII, 530 S.; 4 Bll. XVI, 404 S.

Der Herausgeber ist Louis Marie Bajot, der eigentliche Bearbeiter aber Prosper Jean Levot.

Nach dem von Levot, natürlich mit spezieller Berücksichtigung der Bedürfnisse der genannten Bibliotheken entworfenen Systeme ist die gesammte Litteratur in folgende sechs Klassen getheilt: Théologie (mit 10 Abschnitten) — Législation et Administration: Concernant la Marine et les Colonies (9) & En général (8) — Sciences et Arts: Concernant la Marine et les Colonies (16) & En général [Sciences philosophiques et morales (5); Sciences politiques et économiques (5); Sciences physiques et naturelles (4); Sciences médicales (26); Sciences mathématiques (8); Appendice aux Sciences, Philosophie occulte et Astrologie judiciaire (2); Arts en général (3); Gymnastique et Jeux (1)] — Géographie et Voyages (2) — Histoire (46) — Belles-Lettres (19).

1838. *System von Lubbock.* — Remarks on the classification of the different branches of Human Knowledge. By J. W. Lubbock. London, Knight and Co. (Cambridge, Deighton.) 1838. 8°. 2 Bll. 29, XVII S. Pr. 20 Ngr.

Der Verf. hat sich ein von den ihm bekannten Systemen, von denen er die bemerkenswertheren ausführlicher erwähnt, zum Theile wesentlich verschiedenes eigenes Wissenschaftensystem gebildet, nach welchem die Litteratur in folgende allgemeinere Abtheilungen zerfällt: History: Ecclesiastical History; Civil History; Geography; History of the Arts, of the Sciences, and of Literature — Philosophy: Religion; Jurisprudence; Intellectual, Moral, and Political Philosophy; Logic (including Language); Mathematics; Natural Philosophy; Natural History; Medicine; Arts, Trades, and Manufactures — The Fine Arts. Hieran schliessen sich als Anhang: The collective Works of Philosophers; Historical Extracts and Miscellanies; Literary Miscellanies; General Treatises on Human Knowledge, and on the Study of Philosophy; Encyclopaedias and Dictionaries of Philosophy, Arts and Sciences.

1839. *Zweites System von Namur.* — Projet d'un nouveau Système bibliographique des connaissances humaines, par P. Namur. Bruxelles, impr. de Demortier frères. 1839. 8°. 2 Bll. XII, 72 S. Pr. u. 20 Ngr.

Das sehr speziell gegliederte, aber ohne alle und jede nähere Angabe der Motiven gelassene zweite, von dem ersten abweichende System beruht auf folgenden 10 Hauptklassen. I. Introduction aux connaissances humaines (mit 4 Hauptabtheilungen); II. Théologie (mit 8); III. Philosophie et Pédagogie (mit 5); IV. Jurisprudence (mit 15); V. Sciences mathématiques, physiques et naturelles (mit 4); VI. Sciences médicales (mit 17); VII. Arts et Métiers (mit 6); VIII. Philologie et belles-lettres (mit 16); IX. Histoire et sciences auxiliaires (mit 19); X. Recueils et mélanges littéraires et critiques, Journaux (mit 4). Die nämliche Klassifikation hat A. Namur in seinem „Catalogue de la Bibliothèque de l'Athénée Royal Grand-Ducal de Luxembourg, précédé d'une Notice historique sur cet établissement (Luxembourg, Buck. 1855. 8°. 836 S.)" ohne alle Abänderung adoptirt, nur dass in dem letzteren Kataloge jede weitere Eintheilung der einzelnen Klassen bei Seite gelassen worden ist.

1839. *System von Preusker*. — Bürger-Bibliotheken und andere, für besondere Leserklassen erforderliche Volks-Bibliotheken, so wie Gewerb-Museen, öffentliche Vorlesungen, Lese- und andere Bildungsvereine zur Wohlfahrt des Bürgerstandes, als bringendes Bedürfniß der Zeit, nach Gründung, Leitung, Bücherbedarf ic. geschildert von Karl Preusker. A. u. b. Tit.: Bürgerhalle. Anstalten und Einrichtungen zur gewerblichen, so wie zur allgemeinen Fortbildung des Bürgerstandes. Heft 3. Meißen, Klinkicht u. Sohn. 1850. 8°. 2 Bl. 166 S. Pr. 12 Ngr. (Neue wohlfeile Titelausgabe daselbst 1853 8°.)

Der Verf., welcher ursprünglich, bei dem ersten Entwurfe seines Systemes, die gesammte Litteratur in 12 Hauptfächer getheilt hatte — worüber seine Schrift „Ueber öffentliche, Vereins- und Privat-Bibliotheken, so wie andere Sammlungen, Lesezirkel und verwandte Gegenstände, mit Rücksicht auf den Bürgerstand; etc. Hft. I—II. (A. m. besond. Titeln.) Leipzig, Hinrichs. 1839—40. 8°." nachzusehen ist — hat später die Zahl der Hauptfächer auf 16 erhöht. Demgemäss hat sich das Wissenschaften- oder Litteratursystem in folgender Weise gestaltet: I. Allgemeine Wissenschaftenkunde: alle (I. Wissenschaftenkunde) oder mehrere Fächer umfassend (II. Vermischte Schriften); II. Einzelne Wissenschaften: a) allgemeine Bildungs- oder Humanitäts-Wissenschaften: a) Menschen-Wissenschaften, den Menschen 1. nach seinen Naturen und seinem Zwecke, dem vernunftgemässen Leben betrachtend (III. Lebens-Wissenschaften), 2. nach seiner Mittheilungsart in Sprache und Schrift (IV. Sprach-Wissenschaften), 3. nach seiner Geschichte, im Ganzen, wie im Einzelnen (V. Geschichts-Wissenschaften); b) Natur-Wissenschaften: 1. formelle, nach dem Grössenverhältnisse in Raum und Zeit (VI. Mess-Wissenschaften), 2. materielle, nach den Naturkräften und Naturprodukten (VII. Natur-Wissenschaften); c) Kunst-Wissenschaften: 1. in geistiger, schönsprachlicher (VIII. Schöne Wissenschaften), und 2. in geistig-körperlicher Kunstproduktion (IX. Bildende schöne wie nützliche und angenehme Künste); b) Berufs-Wissenschaften: a) zur Bildung und Leitung des ganzen oder theilweisen Volkes, und zwar (a) der Jugend (X. Jugendbildungs-Wissenschaften), (b) der Erwachsenen, 1. in Hinsicht des kirchlichen Verbandes zur moralisch-religiösen Fortbildung (XI. Religions-Wissenschaften), 2. des politischen Verbandes, und zwar zur Staatsleitung, öffentlichen Sicherheit und Wohlfahrt (XII. Staats-Wissenschaften), zur Rechtspflege (XIII. Rechts-Wissenschaften) und zur Staatssicherung mittels Waffengewalt (XIV. Kriegs-Wissenschaften); b) zu Zwecken Einzelner, und zwar 1. zum physischen Wohle (XV. Heil-Wissenschaften) und 2. zum materiellen Wohle, für Lebensbedürfnisse, Wohlstand etc. (XVI. Gewerbs- und Hauswirthschafts-Wissenschaften). Dieses System findet sich in der hauptsächlich vom Verf. ins Leben gerufenen und seitdem auch geleiteten und gepflegten Grossenhainer Stadtbibliothek bei der Aufstellung der Bücher befolgt. S. Preusker's Schrift: „Die Stadt-Bibliothek in Grossenhain etc. V., vervollständigte Auflage. Grossenhain 1853. 8°." und die früheren Ausgaben. Uebrigens findet sich das Preusker'sche System auch im Serapeum Jahrg. XI (Leipzig, T. O. Weigel. 1850. 8°.) Intelligenzbl. Nr. 13. S. 97—101 abgedruckt.

1840. *System von Lehmann und Petersen.* — Ansichten und Baurisse der neuen Gebäude für Hamburgs öffentliche Bildungsanstalten kurz beschrieben und in Verbindung mit dem Plan für die künftige Aufstellung der Stadtbibliothek herausgegeben von den Bibliothekaren J. G. C. Lehmann und C. Petersen. Zur Feier der Einweihung am 5. Mai 1840. Hamburg, gedr. bei Meissner. 1840. 4°. 1 Bl. IV, 122 S. mit 9 Taf. Pr. n. 3 Thlr.

Die Verfasser haben bei der Entwerfung ihres Planes kein encyklopädisches System, sondern die traditionelle Eintheilung der Wissenschaften zum Grunde gelegt, und die Folge der Hauptfächer weniger nach logischen Eintheilungsgründen, als aus praktischen Gesichtspunkten bestimmt. Von dem Gesichtspunkte geleitet, dass das Generelle dem Speziellen vorangehen müsse, haben sie die gesammte Litteratur, mit besonderer Rücksichtnahme auf die Localitäten der Hamburger Stadtbibliothek, in folgende 18 Hauptfächer geschieden: 1) im philosophischen Saale A. Allgemeine Bibliographie; B. Allgemeine Encyklopädie; C. Philosophie — 2) im naturwissenschaftlich-medicinischen Saale D. Mathematik; E. Physik; F. Naturge-

schichte; G. Medicin — 3) im historischen Saale H. Geographie
und Statistik; I. Geschichte; K. Hansa und Hamburgensien —
4) im juristischen Saale L. Staatswissenschaften; M. Jurisprudenz — 5) im litterarhistorischen Saale N. Kulturgeschichte;
O. Kirchengeschichte — 6) im theologischen Saale P. Theologie; Q. Orientalische Philologie — 7) im philologischen Saale
R. Klassische Philologie; S. Philologie der modernen Völker.
Diejenigen, welche Alles in allgemeine Kategorien zu fassen
lieben, würden hinsichtlich dieser Eintheilung nach der Verfasser Ansicht von folgenden Gesichtspunkten auszugehen haben.
Die Fächer A—C betrachten, mit den Grundlagen alles menschlichen Wissens, das Wissen überhaupt nach Grund und Form,
D—G enthalten die Ergebnisse der Naturbetrachtung, so dass
also A—G dasjenige umfassen, was der theoretischen Seite
des Geistes nach Aristotelischer Betrachtungsweise angehört.
H—M haben das Handeln des Menschen und was dadurch zu
Stande gebracht wird, also die praktische Seite zum Gegenstande, während N—P die gesammte geistige Thätigkeit in
ihrer fortgehenden Entwickelung betrachten und auf ein höheres
Ziel beziehen, und Q—S die volksthümliche Verschiedenheit
in der geistigen Entwickelung hervortreten lassen. Wenn auch
die Verfasser, wie sie sagen, weit entfernt davon seien, auf
diese Begründung irgend einen Werth zu legen, weil sie nicht
davon ausgegangen, noch darnach gestrebt haben, so könne
sie doch als Prüfstein der Richtigkeit und Zweckmässigkeit
des ganzen Planes gelten. Das System findet sich übrigens
auch im Serapeum Jahrg. VIII. (Leipzig, T. O. Weigel. 1847.
8°.) Intelligenzbl. Nr. 22. S. 169—73, Nr. 23. S. 177—83,
Nr. 24. S. 185—91 und Jahrg. IX. (Daselbst 1848) Intelligenzbl. Nr. 1. S. 1—7, Nr. 2. S. 9—12, Nr. 3. S. 17—22,
Nr. 4. S. 25—29, Nr. 5. S. 33—40, Nr. 6. S. 41—48, Nr. 7.
S. 49—55, Nr. 8. S. 57—63, Nr. 9. S. 65—71, Nr. 10. S.
73—74 vollständig abgedruckt.

1841. *System von Rossi.* — Cenni storici e descrittivi intorno all' I.
R. Biblioteca di Brera del Vice-Bibliotecario Francesco Rossi.
Milano, Pirotta e C. 1841. 8°. Enthält S. 23—71: Del Catalogo
per materie. Mit 4 Tabellen.

Rossi geht von der Nothwendigkeit der Eintheilung aller
litterarischer Production nach einem nationellen Prinzip aus,
und findet dieses in der verschiedenen Geistesfähigkeit, die
der Mensch bei solcher Thätigkeit in Bewegung treten lasse.
Sie ist eine dreifache: Memoria, Imaginazione, Intelletto; desshalb stellt er diese drei an die Spitze. Die Bücher selbst
aber theilt er in vier Klassen: 1) Die, bei denen eine mehrfache Fähigkeit thätig gewesen ist. Sie umfasst die Collectivschriften der Akademien und Gesellschaften, Journale, Metho-

dologie und Einleitungen in einzelne Wissenschaften — 2) Memoria = Geographie, Chronologie, Religionsgeschichte, Staaten- und Litteraturgeschichte, Biographie, Antiquitäten, Epigraphik, Diplomatik, Sitten, Theater, Luxus, Trachten — 3) Imaginazione = Schöne Künste und Wissenschaften, Linguistik und Philologie — 4) Intelletto = Fakultätswissenschaften und Politik, Mathematik, Naturwissenschaft, Technologie, Pseudophilosophie.

1842. *System von Merlin.* — Bibliothèque de M. le Baron Silvestre de Sacy. Tom. I—III. Paris, impr. à l'Imprimerie Royale. Chez Merlin. 1842—47. gr. 8º. 12, LXIV, 436 S.; 2 Bll. XXIII, 416 S.; 2 Bll. XXXI, 472 S. Nebst dem von G. de Gagrange verfassten Katalog der orientalischen Handschriften 4 Bll. 63 S.

Der Herausg. des Kataloges R. Merlin hat über das darin befolgte bibliographische System in den Vorbemerkungen zum III. Bande S. XX—XXIV nähere Auskunft gegeben. Eigentlich hatte er im I. Bande von S. LXV an eine eigene „Exposition du nouveau système bibliographique suivi dans ce Catalogue, ou Essai d'une classification naturelle des sciences appliquée à la bibliographie" abdrucken zu lassen beabsichtigt, die aber weggeblieben ist. Merlin hat in Betracht, dass sich alle Kenntnisse auf drei Gegenstände „Dieu, la Nature, l'Homme" beziehen, die Wissenschaften in drei Klassen getheilt, nämlich: Théologie [Introduction (phil. religieuse), Religions éteintes (polythéisme des anciens et du moyen âge), Religions existantes (Monothéisme: Judaïsme, Christianisme, Mahométisme; Polythéisme, panthéisme, etc.: Fétichisme, mendaïsme, etc., Magisme, Brahmanisme, Bouddhisme et religions de la Chine)] — Sciences naturelles [Sciences analytiques (S. mathématiques, S. physiques, S. astronomiques), Sciences descriptives (Histoire naturelle)] — Sciences relatives à l'Homme [Homme physique (Sciences médicales, Arts utiles), Homme moral et intellectuel (Psychologie, Sciences morales, Linguistique, Littérature et beaux-arts), Homme en société (Sciences sociales, Sciences historiques)].

1844. *System von Voigt.* — Wissenschafts-Uebersicht zum Gebrauche bei Einsichtssendungen an Kunden und um den Verlegern den Novitäten-Bedarf genauer zu bestimmen. Unterzeichnet: Bernh. Fr. Voigt. Weimar im Dec. 1844. gr. 4º. 1 Bl.

Ein Versuch, die Wissenschaften für merkantilische Zwecke zu rangiren. Voran gehen die vier Facultätswissenschaften: Theologie, Jurisprudenz, Medicin und Philosophie. Dann folgen die übrigen wissenschaftlichen Hauptfächer nach dem Alphabete: Damenschriften; Forst- u. Jagdkunde; Freimaurerschriften; Geographie; Geschichte; Gesellschafts-, Spiel-, Kunststücks-, Räthsel-u. Liederbücher; Handlungsschriften; Kriegswissenschaft (Tactik); Kunstsachen; Landwirthschaft; Mathematik; Musicalien; Naturwissenschaft; Pädagogik; Philologie; Schöne Wissenschaften; Sprachwissenschaften; Taschenbücher und Almanachs; Thierarznei- oder Veterinär-Wissenschaften; Technologie (Gewerbskunde.)

1847. *System von Albert.* — Recherches sur les principes fondamentaux de la Classification Bibliographique précédées De quelques mots sur la Bibliographie, d'un exposé des principaux systèmes bibliographiques, et suivie d'une application de ces principes au classement des livres de la Bibliothèque Royale, par J. F. M. Albert. Paris, chez l'Auteur. 1847. 8°. VII, 63 S. Pr. n. 15 Ngr.

Nach dem vom Verf. auf die Dreiheit „Le Monde, L'Homme, Dieu" basirten Systeme ist die gesammte Litteratur, mit Hinzufügung der Abtheilung „Polylogie", in vier Haupttheile mit verschiedenen Klassen und zusammen 665 Unterabtheilungen oder 28 Gruppen zerlegt, von denen die letzten jede mit einem Französischen Buchstaben bezeichnet ist. Da jedoch das Französische Alphabet zur Bezeichnung von 28 Gruppen nicht ausreichend gewesen ist, so hat der Verf., ausser dem W, noch die beiden bekanntesten und am leichtesten verständlichen Zeichen aus dem Griechischen Alphabete $\varDelta$ und $\varPi$ mit zu Hilfe nehmen müssen. Die Hauptgliederung des Systemes ist folgende: [Gruppe A—B.] 1. Polylogie mit 4 Unterabtheilungen — 2. Cosmologie: 1) Cosmologie générale mit 4; 2) Sciences mathématiques mit 35; [C.] 3) Sciences annexes (Chronologie-Géographie) mit 16; [D.] 4) Sciences physiques et chimiques mit 23; [$\varDelta$. E—G.] 5) Sciences naturelles mit 116 — 3. Andrologie: [H—I.] 1) Andrologie générale mit 1; 2) Sciences organiques et médicales mit 53; [I—K.] 3) Sciences économiques et industrielles mit 47; [L—P. $\varPi$. Q—T.] 4) Sciences politiques et sociales mit 221; [U—V.] 5) Sciences artistiques et littéraires mit 57; [W.] 6) Sciences philosophiques et morales mit 21 — 4. Théologie: [X—Y.] 1) Religions monothéistes mit 51: [Z.] 2) Religions polythéistes mit 12; 3) Religion naturelle mit 4.

1847. * *System von Paris.* — De la Bibliothèque Royale et de la nécessité de commencer, achever et publier le Catalogue général des livres imprimés, par Paulin Paris. Deuxième Édition, dans laquelle on a complété le plan de classification bibliographique, et répondu à quelques objections. Paris, Techener. 1847. 8°. 63 S. Pr. 2 Fr. (Die erste Auflage ist im nämlichen Jahre erschienen.)

Der Verf. hat unter Festhaltung der von Clément aufgestellten Oberabtheilungen und mit Modification der Unterabtheilungen folgendes System entworfen: I. Section. Philosophie: A. Livres sacrés des chrétiens; B. Hétérodoxie; C. Métaphysique; D. Morale — II. Section. Jurisprudence: E. Droit naturel et Droit des gens — III. Section. Sciences exactes et appliquées: F. Mathématiques; G. Physique; H. Médecine; I. Arts et Métiers; J. Économie politique — IV. Section. Histoire: K. Géographie; L. Histoire universelle; M. Histoire de l'Europe; N. Histoire politique et générale de France; O. Dictionnaires historiques, Biographie — V. Section. Beaux-Arts et Belles-Lettres: P. Arts du dessin; Q. Musique; R. Logique et Grammaire, Littérature grecque et latine; S. Littérature italienne, espagnole, anglaise, allemande, slave et hollandaise; T. Littératures orientales; U. Littérature française; V. Poésie française; W. Théâtre français; Y. Romans etc.; Z. Recueils académiques; &. Bibliographie.

1852. *System von Schleiermacher.* — Bibliographisches System der gesammten Wissenschaftskunde mit einer Anleitung zum Ordnen von Bibliotheken, Kupferstichen, Musikalien, wissenschaftlichen und Geschäftspapieren. Von A. A. E. Schleiermacher. Th. I-II. Braunschweig, Vieweg u. Sohn. 1852. 8°. 1 Bl. XLVIII, 777 S. & 2 Bll. 884 S. Pr. n. 8 Thlr.

Der Verf. hat die Ueberzeugung, dass die Anwendung eines rein wissenschaftlichen Systemes auf die Bibliographie völlig unpraktisch sei; demzufolge ist auch das von ihm entworfene und bei der Ordnung der Grossherzoglichen Bibliothek zu Darmstadt zum Grunde gelegte System auf keine Theorie in irgend einer Wissenschaft basirt worden, sondern besteht nur in einer Aneinanderreihung von bibliographischem Material, zu möglichster Uebersichtlichkeit geordnet und gruppirt. Auch hat der Verf. hinsichtlich des von ihm befolgten Rubrikensystemes der einzelnen Gruppen den Grundsatz festgehalten, keine Rubrik aufzunehmen, zu der sich nicht darunter gehörige Schriften nachweisen lassen, weil sonst zwischen einem Systeme der Wissenschaftskunde und dem seinigen keine Grenzlinie zu ziehen gewesen sein würde. Nach dem S.'schen Systeme ist das gesammte bibliographische Material — in der Hauptsache aus dem Grunde, weil das Alphabet aus 25 Buchstaben besteht, womit die Gruppen bezeichnet werden können — in 25 Hauptgruppen oder Klassen eingetheilt werden, nämlich: A. Encyklopädie, Litterargeschichte und Bibliographie; B. Vermischte Schriften; C. Sprach- und Schriftkunde, Philologie, D. Griechische und Lateinische Litteratur; E. F. Schöne Wissenschaften in den neueren und orientalischen Sprachen; G. Schöne Künste; H—O. Historische Wissenschaften; P. Mathematische und physikalische Wissenschaften; Q. Naturgeschichte; R. S. Medicin; T. Industrie oder ökonomische, Forst- und Jagdwissenschaften, Technologie, Handel und Schifffahrt, Militairwissenschaften; U. Philosophie, Pädagogik; V. W. Theologie; X—Z. Jurisprudenz und Staatswissenschaften.

1853. *System des Leipziger Messkataloges.* — Meßkatalog. A. u. b. Tit.: Bibliographisches Jahrbuch für den deutschen Buch-, Kunst- und Landkarten-Handel. Leipzig, Avenarius. 8°. Erscheint seit Ostern 1853; jeder Jahrgang besteht aus zwei Bänden, einem Oster- und einem Michaelis-Katalog à Pr. n. 1 Thlr. 10 Ngr.

Das ganze Litteraturgebiet ist in 18 Haupt- mit 103 Unterabtheilungen geschieden. Die Hauptabtheilungen sind folgende: I. Encyclopädie und Sammelwerke mit 4 Unterabtheilungen; II. Litteraturwissenschaft mit 6; III. Philosophie und Geschichte derselben mit 2; IV. Pädagogik mit 11; V. Theologie mit 11; VI. Rechts- und Staatswissenschaft mit 9; VII. Medizin mit 7; VIII. Naturwissenschaften mit 8; IX. Mathematik mit Einschluss der Kriegswissenschaft mit 3; X. Geographie und Geschichte mit 9; XI. Allgemeine Sprachkunde und orientalische Philologie mit 3; XII. Griechische und Römische Philologie mit 7; XIII. Neuere Sprachen mit 6; XIV. Schöne Künste mit 5; XV. Unterhaltungslitteratur mit 3; XVI. Schriften zu gemeinnütziger Belehrung und Unterhaltung mit 1; XVII. Handel, Industrie, Oekonomie mit 7; XVIII. Vermischte Schriften mit 1.

1853. * *System von Walckenaer.* — Catalogue des livres et cartes géographiques de la Bibliothèque de feu M. le Baron Walckenaer, Conservateur adjoint de la Bibliothèque impériale etc. Paris, Potier. 1853. 8°. XVI, 550 S. Pr. 3 Fr. (Auct. 12. April 1853.)

Das Vorwort ist unterzeichnet: G. D.

Nach diesem auch im Serapeum 1854. Intelligenzbl. Nr. 6. S. 41—44, Nr. 7. S. 49—52 u. Nr. 8. S. 57—60 abgedruckten Systeme werden folgende Ober- und Unterabtheilungen unterschieden: Théologie: I. Écriture sainte; II. Liturgie, Saints pères; III. Théologie morale, mystique, polémique etc.; IV. Opinions singulières, Religions orientales — Jurisprudence: I. Introduction, Droit des anciens peuples; II. Droit français — Sciences et Arts: I. Sciences philosophiques et morales; II. Sciences physiques et chimiques; III. Sc. naturelles; IV. Sc. médicales; V. Sc. mathématiques; VI. Beaux-Arts; VII. Arts et métiers; VIII. Exercices gymnastiques, Jeux — Belles-Lettres: I. Linguistique; II. Rhétorique, Orateurs; III. Poésie; IV. Poésie dramatique; V. Apologues; VI. Romans et Contes; VII. Facéties; VIII. Philologie; IX. Dialogues; X. Epistolaires; XI. Polygraphes; XII. Collections d'ouvrages et d'extraits de différents auteurs, recueil de pièces — Histoire; I. Géographie; II. Voyages; III. Chronologie; IV. Histoire universelle; V. Histoire de religions; VI. Histoire ancienne; VII. Histoire moderne; VIII. Histoire de la chevalerie et de la noblesse; IX. Archéologie; X. Histoire littéraire; XI. Biographies; XII. Bibliographie; XIII. Extraits historiques, Encyclopédies; XIV. Misellanea.

1853. *System von Wiener.* — Catalogue de la Bibliothèque cantonale Vandoise. Lausanne, en vente à la Bibliothèque cantonale. 1856. gr. 8°. Mit folgenden besonderen Titeln für die einzelnen Abtheilungen: Titre & Préface. XX S.; I. Généralités. Impr. Blanchard aîné. 1853. 2 Bll. 100 Sp.; II. Histoire. Impr. Corbaz et Rouiller fils. 1854. 4 Bll. 372 Sp.; III. Littérature. Impr. Genton, Voruz et Vinet. 1854. 3 Bll. 354 Sp.; IV. Sciences et Arts. Impr. Pache. 1855. 4 Bll. 452 Sp.; V. Politique et Jurisprudence. Impr. Blanchard aîné. 1855. 2 Bll. 206 Sp.; VI. Théologie. Impr. F. Blanchard cadet. 1855. 4 Bll. 264 Sp.; VII. Tables. Impr. Larpin et Coendoz. 1856. 1 Bl. 672 Sp. (Hierzu: I. Supplément 1858. 168 Sp.)

Von Hermann Wiener redigirt.

Die Grundzüge des vom Verf. entworfenen und der Prüfung und Billigung von Sachverständigen unterstellten Systemes sind aus den Titeln der einzelnen Abtheilungen des Kataloges ersichtlich. Die Hauptgliederung dieser einzelnen Abtheilungen ist folgende: I. Généralités: A. Bibliographie générale; Encyclopédie générale; Oeuvres diverses scientifiques. B. Mémoires de Sociétés savantes; Ouvrages périodiques — II. Histoire: C. Prolégomènes de l'Histoire. D. Histoire universelle; Histoire ancienne; Histoire du Moyen-Age; Histoire moderne. E. Histoire des Etats modernes (à l'exception de la Suisse). F. Histoire de la Suisse. G. Histoire des Religions et des Superstitions. H. Histoire ecclésiastique de la Suisse. 1. Anecdotes; Biographies; Eloges; Mémoires; Lettres — III. Littérature: K. Linguistique; Introduction aux Belles-Lettres. L. Littérature Orientale et Littérature ancienne. M. Littérature moderne — IV. Sciences et Arts: N. Philosophie et Education. O. Sciences mathématiques. P. Sciences physiques et naturelles. Q. Sciences médicales; R. Arts et Métiers — V. Politique et Jurisprudence: S. Politique. T. Jurisprudence — VI. Théologie: U. Théologie en général. Théologie exégétique. V. Théologie systématique et Théologie pratique. Uebrigens findet sich das System auch im Serapeum Jahrg. XIX. (Leipzig, T. O. Weigel. 1858. 8°.) Intelligenzbl. Nr. 12. S. 89—93, Nr. 13. S. 97—101, Nr. 14. S. 105—109, Nr. 15. S. 113—17 abgedruckt.

1854. *System von Palermo.* — Classazione dei libri a stampa dell' J. e R. Palatina in corrispondenza di un nuovo ordinamento dello scibile umano di Francesco Palermo. Firenze, dall' J. e R. Biblioteca Palatina. 1854. gr. 4°. CXV, 385 S.

Der Verf. hat das gesammte Wissen (scibile) in vero und bello eingetheilt. Das vero zerfällt wieder in rivelato (o religione) und razionale, sowie das letztere ferner in speculativo und fattivo, von denen das erstere in immateriale (o filosofia),

astrazione corporea (o matematica) und corporale (o scienze
fisiche e naturali) und das zweite in immateriale (o scienze
pratiche razionali e sòciali), misto (o scienze pratiche, in relazione
coll' immateriale e il corporeo) und materiale (ovvero
uso della natura fisica, e delle produzioni terrestri; loro apparecchio
artificiale, e ultima loro disposizione) geschieden ist.
Die Eintheilung des vero beschränkt sich auf speculativo (o
letteratura) und fattivo (o belle arti, e arti armoniche). Auf
Grund dieses Systemes sind für die gesammten Wissenschaften
folgende 21 Klassen festgestellt: 1. Religione; 2. Lingue e
Litterature; 3. Filosofia; 4. Matematiche; 5. Scienze Fisiche;
6. Scienze Naturali; 7. Geografia e Paleografia; 8. Antichità
generali e monumentali; 9. Storia; 10. Scienze pratiche razionali;
11. Scienze sociali; 12. Scienze politiche, e governative;
13. Scienze estrinseche della ragione; 14. Belle Arti; 15. Architettura;
16. Scienza militare; 17. Scienze armoniche; 18.
Scienze della sanità; 19. Scienze fisiche pratiche ovvero uso
della natura fisica; 20. Scienze pratiche naturali; 21. Arti industriali.
Hierzu ist noch mit spezieller Rücksicht auf Toskana
eine auf dieses Land speziell bezügliche 22. Klasse, sowie
eine Art Vorklasse, welche die gesammelten Werke und die
sowohl auf die Wissenschaften im Allgemeinen, als auch auf die
Bibliographie bezüglichen Werke umfasst, hinzugefügt worden.

1856. *System von Tiele.* — Catalogus van de Bibliotheek der Stad
Amsterdam. I—IV. Gedeelte. Amsterdam. 1856—59. gr. 8°. XIV,
1—136 S.; 6 Bll. 137—419 S.; 4 Bll. 421—707 S.; 5 Bll. 709—876 S.
Pr. n. 3 Thlr. 10 Ngr.

Nach dem von P. A. Tiele bei der neuen Ordnung und
Katalogisirung der Amsterdamer Stadtbibliothek in Anwendung
gebrachten bibliographischen Systeme zerfällt die gesammte
Litteratur in folgende Klassen: Algemeene Werken (Generalia)
— Godgeleerdheid — Regtsgeleerdheid en Staatswetenschap
— Geneeskunde — Wiskunde (Mathematik) — Natuurkunde —
Bedrijven en Handwerken — Schoone Kunsten — Wijsbegeerte
(Philosophie) — Taal- en Letterkunde — Aardrijkskunde (Geographie)
— Geschiedenis — Kerkgeschiedenis.

1856. *System von Trömel.* — Allgemeine Bibliographie. Monatliches
Verzeichniss der wichtigern neuen Erscheinungen der deutschen
und ausländischen Litteratur. Zusammengestellt von Paul Trömel.
Leipzig, Brockhaus. 8°. Erscheint seit 1856 in 1 bis 1¼ B. starken
12 Nrr. mit Register. Pr. à n. 15 Ngr.

Der Verf. hat folgende 11 Klassen festgestellt: I. Encyklopädie
und Litteraturwissenschaft; II. Theologie und Philosophie;
III. Erziehungswissenschaft; IV. Rechts- und Staatswissenschaft;
V. Mathematik und Naturwissenschaften; VI. Me-

50 Chronol. Uebersicht von bibliogr. Systemen.

dicin; VII. Geographie und Geschichte; VIII. Sprachwissenschaft; IX. Alterthumswissenschaft; X. Schöne Litteratur und Kunst; XI. Handel, Industrie, Oekonomie. Diese Eintheilung stimmt, wenn man die Umstellung und veränderte Abgrenzung einiger Klassen abrechnet, im Wesentlichen mit der von J. Petzholdt für die Bibliothek des Kronprinzen von Sachsen zu Dresden in Anwendung gebrachten überein, welche in folgender Weise gegliedert ist: Encyklopädie und Litterargeschichte — I. Rationale Wissenschaften. 1. Dämonische Wissenschaften: Philosophie und Theologie; 2. Physische Wissenschaften: Mathematik und Naturwissenschaften mit Medicin; 3. Anthropische Wissenschaften: 1) Erziehungswissenschaften: Jugend- und Volksschriften; 2) Politische Wissenschaften: Staats-, Rechts- und Kriegswissenschaften; 3) Kulturwissenschaften: Sprache und Litteratur; Technologie. II. Factische Wissenschaften: Historische Wissenschaften.

1859. *System von Schmitz.* — Encyclopädie des philologischen Studiums der neueren Sprachen. Von Bernh. Schmitz. Greifswald, Koch. 1859. 8°. XVI, 474 S. Pr. n. 2 Thlr. 20 Ngr.

Die vom Verf. „in möglichster Anspruchslosigkeit" gegebene systematische Uebersicht der litterarischen Gattungen, Arten und Unterarten zerfällt in folgende Haupttheile: A. Poesie: I. Epische Poesie; II. Lyrische Poesie; III. Dramatische Poesie; IV. Didactische und descriptive Poesie — B. Prosa. I. Erdichtete Erzählung, Schilderung u. dgl.; II. Briefstyl; III. Beredtsamkeit; IV. Wissenschaftliche Prosa (1. Geschichte nebst Geographie; 2. Philosophie nebst Pädagogik; 3. Religion, Mythologie, Theologie; 4. Philologie, Sprache und Litteratur; 5. Rechts- und Staatswissenschaften nebst Kriegswissenschaften; 6. Naturwissenschaften und Medicin nebst den sog. geheimen Wissenschaften; 7. Mathematik; 8. Künste, Handel, Ackerbau, Gewerbe, Spiele; 9. Allgemeine Encyclopädie. (S. 53—55.) Ein allerdings äusserst anspruchsloses System!